幕末に国家をデザインした男

横井小楠の人と思想

田口佳史

致知出版社

横井小楠の人と思想＊目次

序章　いまなぜ横井小楠か

第一章　横井小楠の国家構想

第二章　国家構想成立を阻むもの

第三章　国家構想を成立させる条件

第四章　教育こそが成否の要

第五章　時代と横井小楠

装幀――秦浩司（hatagram）
編集協力――柏木孝之

（横井小楠肖像画＝横井小楠記念館提供）

序章

いまなぜ横井小楠か

①「途方もない聡明な人」（勝海舟）

◉命に対する念いと戦争の愚かさ

人間は、いつになったら、殺し合い、戦争を止めるのだろうか。

命の掛け替えのなさ、貴重さに、心の底から感じ入り、これだけは絶対守らなければならないと決断するのだろうか。

私は二五歳の時、タイ国バンコク市郊外の田圃《たんぼ》の中で、突如巨大な水牛二頭に襲われ、身体を引き裂かれて内臓が流れ出し、絶体絶命の危機に襲われた。俗にいう臨死を経験したわけだが、それ以来、命に対する念《おも》いは人一倍強い。

さらに現在、人生の終盤となって、今度は余命という危機が迫ってきている。

だからだろうか、命に対する念いは、ますます強くなった。

そうなればなるほど、戦争というものの愚かさが痛感されてならないのだ。

それがどれほどの憤怒《ふんぬ》、義憤の末のことであろうと、大量の命を奪うことを目的とする戦争だけは、絶対に行ってはならない。兵士はもちろんのこと、多くの民衆に多大な犠牲者が出ることを思えば、一刻も早くこの地球上からなくさなければならない。

戦争をするくらいなら、命懸けで話し合ったらよいではないか。

命懸けで回避をしたらよいではないかと思うばかりだ。

取りわけ核兵器の悲惨さについては、人類初めての無差別殺戮《さつりく》による、原爆の被害国でもある日本の国民としては、決して忘れられないものである。

今年も被爆犠牲者の慰霊の日がやってくる。

毎年われわれは誓うのだ。

「絶対にこの過ちを繰り返さない」

しかし、核兵器保有国は少しも、減る様子はない。かえって世界的な自国有利の状況をつくり出す、有効な手段にさえなってしまっているではないか。

最早《もはや》言葉でいくら誓おうと、お題目を並べるに等しい虚しさを感じるのである。

◉勝海舟が恐れた二人の人物

そんな時、私は「横井小楠」と出会った。

いや、歴史上の人物としての横井とは、大分以前から出会ってはいた。

幼少期に見せられた自家の家系図の中に「勝義邦」通称麟太郎、号海舟という名前があることを見て、ひどく感激したものである。その影響から、勝の自伝の『氷川清話《ひかわせいわ》』は中学生の頃から読んでいた。

その中に次のよく知られている文章がある。

「おれは、今までに天下で恐ろしいものを二人見た。それは、横井小楠と西郷南洲とだ。横井は、西洋の事も別に沢山《たくさん》は知らず、おれが教へてやつたくらゐだが、その思想の高調子な事は、おれなどは、とても梯子《はしご》を掛けても、及ばぬと思つた事がしばしばあつたヨ」

この「恐ろしいもの」という表現は、少年の〝怖いもの見たさ〟の好奇心をくすぐるのに充分であった。そこで私にとって横井小楠と西郷南洲は忘れてはならぬ人物となった。したがってその人物像については、かなり以前から知ってはいた。

しかし、「恐ろしい」と海舟ほどの人物に言わしめたその横井の思想の真髄に、真正面から対峙したのは、ここ一〇年の事である。

知れば知るほど興味深さが増す人物なのである。更に、伝記・評伝、研究書など良書が意外なほど多くあり、最近になればなるほど素晴らしい著作が続々と世に出てくる。

その紹介された横井の思想の中には、冒頭に述べた人類社会の悲願であり、しかし達成されぬまま持ち続けるしかないと思われていた「戦争を起こさぬために」あるいは「世界を平和にする」という大命題に対する有効な解決の道筋さえもがあるのだ。「国家主義」と「平和主義」という矛盾を乗り越えての理想社会の構築への具体的な「方法論」と、それを揺るぎないものにする為の「理念」とが、鮮やかに示されているのである。

しかもそれは、私が約五〇年読み続けてきた「四書五経」の一つ『書経（尚書）』の深読みなど、儒家思想によって為されているという驚きがあった。

それは、私のこれまでの「漢籍」解釈の知見を一変させるほどの衝撃的な体験であった。

◉「国家構想」担当を欠いた明治の近代化

そうして横井の思想の理解が深まるにつれ、一方で明治の近代化に対する客観的な評価、厳しい眼が養われていくのを感じるのである。

さらに同時に強まるのが、横井があと一〇年でよいから新政府の高官として「国家構想」を担当し、手腕を振るってくれていたら、という思いである。

幕末の多くの碩学《せきがく》の中で、新国家ビジョンの担当者として、識見学識、人間力ともに並外れた人物が二人いたと思う。

「横井小楠と佐久間象山」だ。

儒家思想では、よく次のことをいう。

「撥乱反正《はつらんはんせい》」「創業垂統《そうぎょうすいとう》」「継体守文《けいたいしゅぶん》」

まず創業の前に、前代の遺物をすっかり片付け、無に帰することが必要なのだ。旧い建物を壊し、新しい建物を建設する時に、一回すっかり整地に戻すようなものだ。特に地盤の乱れを完全に解消しておかなければ、良い建物は建たない。

これも次の「創業垂統」のビジョンがしっかりと、実に魅力的に示されていて初めて可能になる。特にこの「垂統」が重要で、国家の大綱《たいこう》、綱領《こうりょう》、理念である。これが伝統となって、他国と違うその国の独自性を形づくるのである。これを守って行くのが「継体守文」なのだ。

こう考えると、この二人こそ、まさに構想担当として打って付けの人物だ。この二人が存命ならば、一体どれほど魅力的な国家ビジョンが描かれたことだろうか。

この二人が立案したビジョンの「実施担当」としては、「大久保利通と伊藤博文」の二人がいる。これもまさに打って付けの人物だ。これを西郷南洲が上に座って見守り、それを更に岩倉具視が統括するというのが、明治新国家の図式であったと、私は思っている。

それが何んと構想担当の二人が早くもいなくなってしまった。佐久間は一八六四（元治元）年、横井は一八六九（明治二）年早々に暗殺されてしまう。

構想係のいない新国家構想など確かなものにはならない。困った岩倉は、「こうなったら、西欧列強国を手本にするしかない」と考えたのではないか。策略家岩倉ならではの発想で、「百聞は一見に如《し》かず」、岩倉遣米欧使節団（何と百名を超える新政府高官が二年近くも政権を留守にして海外視察に出掛けた）になるのである。

◉いま蘇る横井小楠

かつてインドのガンジーは、自国の独立に際し、欧米礼讃《らいさん》派の人々に、「もう一つのイギリスをつくろうというのか」と言って、国づくりは独自の伝統文化に則《のっと》るべきことを説いたといわれている。

まさに日本がガンジーのいう「もう一つのイギリス」となってしまった。

しかしいま世界は「大転換期」の真っ只中にあり、世界史的視点で新しい時代に入ったといえる。したがって、日本の国としての在り方、世界における新しい役割を模索し、それに改めるべき時なのである。

横井は無念のうちに仕事半ばで亡くなってしまった。しかし、その思想は残ったのである。いや一五〇年経って横井の意志が蘇ったようにさえ思う。

いま行うべきは、多くの人々がその意志を引き継ぐことではないだろうか。

各々が各々の視点で横井の意志を読み取り、思索を深め、構想の一部でも明らかにする。

そのように私は思った。

わけても横井が行ったのは、私の専門領域での話である。

私は約五〇年、只管《ひたすら》漢籍を読み続け、講義講演を続けてきただけの人間である。もとより浅学非才の私には、大きすぎる課題であることは充分承知するところであるが、漢文読みの末席を汚す者として、見逃せない責務と感じ、挑戦を試みたのである。

②もっと一般の人々に横井小楠を知ってほしい

◉横井小楠と「五箇条の御誓文」

もう一つ、私にこの大それた挑戦を強いたものがある。

それは横井小楠が、予想以上に人に知られていないという驚きである。

明治新国家の大綱は何か。

それは「五箇条の御誓文」である。

それでは、これは誰の発想によるものか。

公的には、由利公正《きみまさ》（三岡八郎）が起草し、福岡孝弟《たかちか》が修正し、木戸孝允《たかよし》が訂正したものとなっているが、その根源を成す大本《おおもと》の思想は、間違いなく横井小楠から出たものだ。

国家に対し思想をもって貢献した人を忘れてよいものか、と思うばかりである。

さらに残念なことに、取材で郷里の熊本に行くと、「あの人は福井で活躍した人だから」と意外に冷淡に扱われている。それではと、今度は福井に行ってみると、「あの人は福井の人ではなく、熊本の人だから」とこちらもあまり情熱的に語られていないのである。

多くの維新の志士が、時には英雄として偉人として過大に紹介されているのを見るにつけ、何か納得のいかない感情に襲われるのだ。すべての人間の行為は、源泉である思想から生じるものである。さらに現代は大転換期。国家も企業も新時代を開く思想を求めている時だ。

もっと思想家、あるいは思想の提供者を大切にすべきではないか。

以上の思いから多くの人々、それも一部の専門領域の人々ではなく、いわゆる一般の人々に向けて横井小楠を紹介しようと思った。したがって難解な部分や専門的な部分は、極力平易に分かりやすく書くことにしようと心掛けたつもりである。

第一章

横井小楠の国家構想

①　もう一つの日本の進路

◉伝統的思想哲学から発想された国家構想

本来であれば、横井の思索の跡を年月の順を追って記し、その結論として「国家構想」に至るべきであろう。

しかし私の意図するところは、何しろ横井の国家構想を知ってほしい。われわれは、明治の新国家といえば、欧米流の近代化による〝和魂洋才〟ならぬ洋魂洋才に偏った感のある明治維新しかなかったと思い込んでいた。

それがそうでなく、一人の天才的構想家によって、これから日本が歩み続けるべき道筋を明確に示してあった。しかもその有り様は、まさに理想的な有り様であり、しかもその構想の崇高さはとても高い。しかし、わが国の伝統的思想哲学から発想されているから、言い換えれば、日本人の日本人らしい、無理に着せられる洋服のようではないから、実に自然に円滑に受け入れやすい。したがって実現しやすい構想なのだ。

さらに恨みがましくこのことを言えば、もし横井が、もう一〇年でよいから生き続けてくれてこの構想を仕上げていてくれたなら、わが国日本のこの一五〇年の歩みは、全く違っていたかもしれないのだ。

つまり先の大戦の敗戦もなかった。ということは、あの多数の戦争犠牲者も出さなくてよかった。ということは、米国による占領もなかった。さらに現在も続く敗戦後の社会の混乱もなかったなど、現在が一変してしまうのだ。

と思うほど、国家構想の重要性を痛感し、横井の構想力の凄さを通して、もう一度これからの日本の歩みを考えてみたくなるのだ。

したがって、結論としての「国家構想」を真っ先に明示して、その確立の為の方策の数々を検証していきたい。

◉儒教の深読みで西洋思想を包み込む

当然のこと、横井は国家ビジョンを一つの文章あるいは書物として残してはいない。多くの書簡と献策文、弟子である井上毅《こわし》、元《もと》田《だ》永孚《ながざね》の記した横井との対話の書「沼山《しょうざん》対話」「沼山閑話」から鍵となる文章や言葉を抽出《ちゅうしゅつ》して組み立てるしかない。

その時に最もその裏付けとして有効なのが「四書五経」である。中でもとりわけ重要なのが『書経（尚書）』である。

そもそも当時の碩学大儒の中で、横井の際立っている点がある。それは、西欧列強国の開国要求の行動を、国家の危機としか受け取らないのではなく、「儒教に対する西洋思想の挑戦」と受け取ったところにある。

したがって、儒教書の読み直し、解釈のし直しをする。具体的には「『書経（尚書）』の深読み」によって勝とうとした。むしろ言い方を変えれば、「儒教の深読みによる新しい解釈によって、西洋思想を羽包《はぐく》んでやろう」としたのである。

「尊皇攘夷」の声が渦巻く中で、多くのリーダーは、武力や精神力による外国人排斥を考えて行動に移していたことを思えば、横井のこの発想こそが驚異的であり、ある意味では、日本の救いでもあった。

それでは、横井の残した文章、発言から、国家構想の大綱ともいうべきキーワードを探っていこう。

②　仁義とは何か

第一の主張	世界一等の仁義の国になる

◉道は天下の道なり

「道は天下の道なり。我国の、外国のと云事《いうこと》はない。道の有所《あるところ》は外夷といへ共《ども》中国なり。無道に成ならば、我国、支那といへ共《ども》即ち夷なり。初より中国と云《いい》、夷と云事ではない。……爰《ここ》では日本に仁義の大道を起さにはならず。強国に為るではならぬ。此《この》道を明《あきらか》にして世界の世話やきに為《な》らにはならぬ。一発に壱万も弐万も戦死すると云様《いうよう》成《な》事は止めさせにはならぬ。そこで我日本は印度になるか、世界第一等の仁義の国になるか、頓と此二筋之内、此外には更にはない」（村田氏壽『関西巡回記』の中の横井氏の談論）

【訳】

「道というものは天下に行き渡っているものだから、わが国のもの、外国のものということはありません。道の有る所は野蛮な国といわれても世界の中心になるべき先進国で、もし道がなければ、日本や中国といえども野蛮な国といわれても仕様がありません。初めから野蛮、先進という区分があるわけではありません。……したがって日本に仁義の大道を起こして、強国にしなくてはなりません。この有道ということを明確にして、世界の世話やき国家にならねばならないのです。一発の砲弾で一万、二万の人々が戦死するというようなこと（戦争）は止めさせなければなりません。そこでわが日本はインドのような植民地になるか、世界の中で第一等の仁義の国になるか二つに一つの選択を迫られているのです」

横井は象徴的に「仁義」といっているので儒家の主張する「徳」や「礼」、「智」、「信」などの徳目はすべて含まれている。それらの徳目は天道の活動を表しているから「道」「大道」と言ってもよい。

◉「人間教育体系」が教える仁義の端緒

しかし、まずここでは改めて「仁義」とは何かを考えてみよう。

それにはまず、江戸の「人間教育体系」を参考にするのが最良と思われる。

次頁に図1で示したものが体系図である。

「仁」の端緒は「惻隠《そくいん》の心」で、その意味するところは、「困っている人を見て気の毒だと思う心」である。

その発端は、生まれて直ぐから三歳くらいまでに主に母性（母親）から引っ張り出され発揚される「慈愛」である。可愛がられ、大切にされる愛である。したがって、事あるごとに、しっかり抱いてあげること。

さらに「仁」には重要な意義として、そもそも人間は他者と繋がり合っている。他者と関係し合っているという意味が含まれている。人間は生まれながらにして、既に社会の一員であり、嫌だと言っても多くの他者と繋がっているのだ。「自他非分離」の関係にいることを教えている。

したがって仁がないという「不仁」とは、他者に対する愛情がないことばかりか、しびれて感覚のないこと、麻痺した状態をいう。漢方医学では「中気・中風」のこと

〈図１〉

母性と父性
⇩　⇩
慈愛　義愛
⇩　⇩
①惻隠の心　②羞悪の心　③辞譲の心　④是非の心　（四端）
⇩　⇩　⇩　⇩
仁　義　礼　智　信（五常）
⇩　⇩　⇩　⇩
（人間性）（社会性）（社会性）（人間性）

をいい、機能停止の状態をいうのだ。

「義」の端緒は「羞悪《しゅうお》の心」で、その意味するところは、「自分の不善を恥じ、他人の悪を憎む心」である。

この発端は、主に父性（父親）から引っ張り出され発揚される「義愛」である。道理（人間として行うべき筋道）、人道、公共に尽くすこと。自分の役割を果たすこと、などを表している。

この「仁」と「義」は、両者一対の関係である。

仁は、情緒と主観を表し、義は、論理と客観を表している。情緒と論理、主観と客観の対比的両面を表わしている。

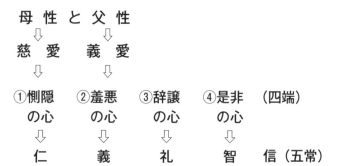

現代的にいえば、仁は人間性、義は社会性となり、人間社会を構成する不可欠の原理を示している。

さらに重要なことは仁も義も、また礼・智・信も徳もが人間が生まれるについて、天から与えられたものである。現代の教育の考え方のように、外から教えられ身に付けるものではない。あらかじめ与えられ、持っているものなのだから、気付けばよい。自覚することの重要性である。修業学問とは、自覚するためのものなのである。人間として大切なものは、すべて自分の内面にあるのだ。

◉仁義は個人から国家までを貫く大いなる道理

もう一点重要なことがある。国家の方針政策から、個人の行動の基準に至るまで、仁と義という大いなる道理が貫かれていなければならないと、横井は主張しているのである。

「個人から国家までが同じ思想で一本筋が通されていなくてはならない」というのも横井の主張の特徴である。

これは、四書の一つ『大学』で説かれていることでもある。

まず『大学』は、「明々徳《めいめいとく》、親《しん》（新）民《みん》、止至善《ししぜん》」の三綱領《こうりょう》を説く。親民は民と親愛の関係になることだが、後年宋の朱子学は、「新民」と読むべきと主張した。民を新しくするとは、汚れた世間で生きている民衆を、人間本来の清い心に戻し、新しくすること、という意味だ。

『大学』は次に八条目を説く。
「平天下《へいてんか》、治国《ちこく》、斉家《せいか》、修身《しゅうしん》、正心《せいしん》、誠意《せいい》、致知《ちち》、格物《かくぶつ》」

いきなり天下太平となるのではない。その為には国が治まっていなければならない。しかしその為には、国は家の集合体だから、その家が斉《ととの》っていなければならない。あちらこちらで家庭崩壊などあっては治国とはならない。しかし、その為には家族一人ひとりの身が修《おさ》まっていなければならない。お父さんは「自分は好きに暮らすから」といい、お母さんも「私も勝手にやるから」といい、子どもたちもバラバラでは家庭は成り立たない。根本は「人の心」だと説いている。

会社でいえば、いきなり「良い会社」にはならない。その為には「生産部門」「営業部門」「管理部門」など各部門が良くなければ、良い会社にはならない。しかしその為には、部門を構成する「各部、各課」が斉っていなければならない。更にその為には、その部や課の社員の心が修まっていなければならないのだ。何といっても「良い会社」とは「社員一人ひとりの心」から始まるのだ。

考えてみれば、これは実に大切なことで、組織といっても、それは一人ひとりの人間の集合体であるから、一人ひとりの人間の心が組織をつくっているのである。したがって、各人の心の在り方と組織の在り方が同一でなければ、いつか破綻《はたん》してしまう。

しかしどうだろう。現代社会では必ずしもメンバー個人の心と組織の心とが一致しないで宜《よ》しとしてしまう傾向にある。個人尊重などと言ってしまう。したがって会社の理念と社員各々個人の心がバラバラの会社が多い。これではうまく行かない。こう考えると、この横井の主張はとても重要なことなのである。

第二の主張　この道を明らかにして世界の世話やきになる

◉「世話やき」になる条件

仁と義の意味を知れば、世界の各地で生じている人道的に看過できない事柄、いわゆる被害に陥っている人々に、何らかの支援や援助の手を差し伸べるのは、人間として当然ということになろう。

そのような緊急非常に対する対応ばかりでなく、そうなる前の予防のところから、世界中で起こるであろう危機を予測して、あらかじめその国と共同協力して手を打っておく手伝いをすることも、当然「世話やき」の視野に入ってくるものだ。

そもそも「世話やき」とは何か。

依頼を受けて世話をすることは当然のことだから、まず依頼が来なくてはならない。その大きな条件は、「信頼」である。当然のことながら信頼されなければ頼りにはされない。

儒家思想では「信」は、「仁・義・礼・智」の四徳が身に修まって、初めて他者が自分を見る心の中に生じるものだとしている。信頼を得る為には「四徳」の修得実践がなくてはならない。

さらに「世話やき」という表現には、それが好きだから、他人の世話をやくこと自体が好きだからという本能的、意欲的な意味が強く含まれている。また、国家として取り組むのであるから、それなりのしっかりした体制や基準のもとで行うのだが、この「好きだから」という要素は重要で、少なくとも迷惑だけれども、しょうがないからやっているというのでは、横井の意に反する。

となると、そこには理念というものが必要となる。

その為に横井は、「世界の世話やきになる」の前に、「この道を明らかにして」といっている。

「この道」とは何であろう。

道理、道義であろう。人間としての正しい言動。人間としての正しさとは、仁・義・礼・智・信、「五常」に則《のっと》っているかどうか、ということだ。

◉「宇宙の道理・哲理」を守る

さらに言えば「天道に則っているかどうか」ということになる。では「天道」とは何か。

この宇宙総体を被《おお》っている道理、哲理のことである。つまり「宇宙の法《のり》」のことだ。われわれの住む地球上には各々の国があり、その国にはその国の法律があって、これに則って生活をしている。ごくごく狭い範囲の「守るべき基準」といえる。しかしそれを被って宇宙全体に行き渡っている守るべき基準がある。これが「宇宙の道理・哲理」だ。

したがって、自国の法律と同様に守るべきものであると儒家の思想は主張している。いや、むしろ時によっては、この「宇宙の道理・哲理」の方が余程力を発揮して人間の言動を裁く時もある。

つまり自国の法律よりも人生に対する影響は大きいともいえるのであるが、遠い存在なので、つい忘れがちになる。

「五常」の仁・義・礼・智・信は、この宇宙の法《のり》から読み解いて出来上ったといってよい。

地球全体、世界という対象について考える時は、むしろこの宇宙の法、すなわち「道」の方が問題になる。

だから横井は、「道は天下の道なり。我が国の、外国のということはない」といい、「仁義の大道」といっているのだ。

したがって「道」をよりよく理解する為には、「天」というものの理解は欠かせない。

③「天」とは何か

第三の主張	天に代わって百姓（国民）を治める

◉儒家思想を貫く「天」の教え

そこで今度は、「天」とは何かについて探ってみよう。

横井の漢詩の中に次のような件《くだり》がある。

「人君何天職　人君何ぞ天職になる
代天治百姓　天に代はりて百姓を治むればなり
自非天徳人　天徳の人に非ざるよりは
何以愜天命　何を以てか天命に愜《かな》はん
（以下略）」

儒家思想を貫いている教えに「天」という存在がある。

天とは何か。

この地上、万物をも含めたすべてを被《おお》って存在しているものが「天」である。

特に横井の「天」はまるで人間のような存在、人格神的受けとめ方をしている。したがって、ある意志を持った存在であり、とかく暴君になりがちの君主の頭を押さえている唯一の存在でもある。

様々な儒家の書籍を読んでも、天が地上の混乱や人間の不幸を望んでいる、あるいはその意味に近い文章は、全く見当たらない。

とすれば天が望んでいるのは「人間の愉快な人生と健全な社会」であろう。しかし天は、姿形《すがたかたち》もなく、声を発することもできない。つまり率先垂範して「愉快な人生と健全な社会」づくりをリードすることができない。

そこで天に代わって、その任を負って誕生したのが「人間」なのだ、というのが儒家の説く天と人間の関係なのである。

したがって、人間も動物の一部であるが、他の動物との相違点を持っている。人間も動物であるから、他の動物と同様に本能や欲望を持っている。自動車に例えれば、これは「アクセル」である。しかし人間には、他の動物にはない、人間のみに与えられているものがある。それこそが「人間性」「理性」である。これこそが「アクセル」に対する「ブレーキ」で、人間は本能欲望に対する「ブレーキ」を持っている唯一の動物なのだ。

◉天から与えられた任務を果たすために「人間を磨く」

「四書」の一つ『中庸』の巻頭の文章がそれである。

「天の命ずる之を性と謂う」

「性」とは、「性命」のことであり、これなくして人間にあらずというものであるから「人間性」「理性」と言ってよい。

したがって「人間を磨く」とは何か、といえば、この人間にしか与えられていない「人間性」を磨くことで、「仁・義・礼・智・信」の「五常」を磨くこと。

もう一つは「理性」で、これは「精神、意識、霊魂」から成り立つとされている。

したがって理性を磨くとは、「精神、意識」を磨くことで、これは「古典」を読んで心を斉《ととの》えること。なぜ古典かといえば、古典とは数千年の星霜《せいそう》をくぐり抜け、廃棄されないで残り続けているものである。それは多くの人間が有用と認め続けたからで、貴重な心の糧《かて》である。

霊魂を磨くとは、「美しい物事に触れること」とされ、美しい心、美しい風景、美しい音楽、美しい行い、などに接することである。

何故こういうものが人間に与えられているかといえば、「万物の世話」をすることを天から命じられている存在だからだ。

天に代わって「愉快な人生と健全な社会」をつくり出すのが人間が天から与えられた任務なのである。人間に生まれたからには、この自覚が必須なのである。特に、社会や組織のリーダー、具体的にいえば社長や部長は特にその大任を負っているのである。

したがって横井もいっているように、天に代わって百姓、百の姓、様々な姓名だから国民のこと、国民に幸せを与えるよう治めるのがリーダー。

その時に、「徳」の持ち主でなければ、天命である「天に代わって」という任務をしっかり果たすことはできない、といっているのだ。

④ 徳とは何か

◉江戸の教育の柱になった「徳」

ここで登場する「天徳」あるいは「徳」とは何か。

天は休むことなく、地や人に対してそのエネルギーを供給し続けている。だから様々な草木の芽が出て、動物に子が産まれ、やがてそれらが成長し、それぞれの特性を発揮して植物では松は松、梅は梅、動物では虎は虎、犬は犬、人間は人間らしくなってくる。これを「化」というが、この天のはたらきを「生成化育」といい、これがあるから地上や万物は永続している。しかし天は、自分がしてやっていると恩着せがましく感謝を強いるわけでも、見返りを要求するわけでもない。これを「天の徳」というう。こうした無私、無償の行為を「徳」というのだ。

さらにこの「徳」こそが江戸の教育の柱になっていた。

江戸の親が自家の息子と娘に最初に教えたのが「徳」である。

江戸期も現在と同じ六歳で学校（江戸期は藩校、寺子屋）に入学したが、最初に習う「四書」は『大学』で、その巻頭の一行目の文章が、

「大学の道は、明徳を明らかにする。民に親しむ（新《あら》たにす）、至善に止《とど》まる」である。

したがって何はともあれ、真っ先に教えた、あるいは最も重視したのが「明徳を明らかにする」ということである。

「明徳」とは何か。

「自己の最善を他者に尽くしきること」である。

江戸の親は子によくこう質問した。

親「社会（世間）は誰と誰からできているか」
答え「自分と他人」
親「自分は何人か」
答え「一人」
親「それは何を表わしているかといえば、自己中心、自分勝手になった途端に〝孤立〟するんだぞ」と教えた。
もう一問。
親「お前の嫌いな友達とは、どういう人間か」
答え「我儘な子。自分勝手な子」
親「そうだろう。利己主義になった途端に嫌われ者になるんだぞ」
と教えたのである。
孤立して一人ぼっちになって、嫌われ者になれば、誰も協力しようとしない。手助けする人がいない。結局、社会（世間）でうまく暮らしていけないわけだから、小学校へ入学して最初に教えるべき重要な事柄なのである。
こうして「徳」という概念を知り、努めて実践をして、身に付けていたのが江戸の日本人である。

◉徳によって成立する「感謝の人間関係」

さらに「徳」によって成立する人間関係を「感謝の人間関係」という。「損得」「利害」などたくさんある人間関係の中では、最も崇高な人間関係といわれている。

なぜなら、この人間関係の人々こそが、自分が最も困っている時に救いに来てくれる得難い、有り難い他人なのである。

この感謝の人間関係を何人と結べたかこそが、いかに徳を発揮してきたかという人生の採点簿であると、江戸の人は考えていた。

こうしたものが「徳」で、この徳の持ち主でなければ、人の上に立っても、天命が務まらない。

したがって、この「徳の精神」である「自己の最善を他者に尽くしきる」を生きる信条にまでしたリーダーとその部下が揃わなければ、「世界の世話やき」など務まらないと、横井は言っているのだ。

⑤　天と人間の関係

◉慎重に謙虚に天の声に耳を傾ける

さらにいえば、「天」と人間との関係の理解も、横井の主張のとても重要な点である。

一口に儒家思想、あるいはその体現者である儒学者であっても、天の受け取り方には、大きな相違が見られる。

横井の天に対する態度は、年齢の変遷によって変化はあるものの、より人格神的な見方、もっといえば、「あたかもそこに存するように」という見方である。したがって常に自分の行う政治を天に伺い、慎重に謙虚に天の声に耳を傾けることこそが、リーダーの在り方としている。

それは、天の意向は普《あまね》く全地球上に行き渡っている、という前提に立っている。

その天との対話の条件こそが、自己の良心に従って生きること、いわゆる「誠」ということである。

「至誠惻怛《そくだつ》」（まごころをもって困っている人を救うこと）こそがリーダーの在るべき姿だとたびたび横井は語るのである。

西郷南洲が『南洲遺訓』で語っている、

「人を相手にせず、天を相手にせよ。天を相手にして、己《おのれ》を尽くし人を咎《とが》めず、我が誠の足らざるを尋《たず》ぬべし」

という心にも似た同じ類の心の在り方である。

こうした横井の天の理解の根源に、『易経』乾の掛の有名な名言があるように思える。

「天行は健《すこ》やかなり」

この世を被う天のはたらきは、すべて滞《とどこお》るところがない。すべてが実に円滑に進行しているという意味だ。

「君子以て自彊《じきょう》して息《や》まず」

天のように君子も、自ら努めて励まなければならない。すなわち天の精神をもって生きよというのだ。

「天を畏《おそ》れる」

天の期待に応えるには、常に畏敬の念をもって天と対することが必要で、そうであれば、天の助けである「天佑」を受けることができるのだ。

天のはたらきは、全天に及び万物に及ぶから、何事も天佑なくして成立することはない。

したがって、「自己の最善を他者に尽くしきる」という「徳」をもって行うこと自体が、天の意向に叶い、天の希求するところを行っているわけだから、天は天佑をもって応じることになる。したがって奈良朝、天皇は、こうした考えを背景として、もし世間に天災、厄病などが重なった時には、「朕《ちん》の不徳の致すところで……」と表現したのである。更にいえば、当時は徳と書いて「いきおい」と読んだ。人が持ち得る勢いとは、徳を振るうことによって得られる天との一体化であった。

⑥　天をどう見るか

◉天につかえる心を持つ

横井は具体的には「天」についてどのようにいっているのか。

横井の「天」の論は、その思想の基盤を為すものである。しかし現代のわれわれにとっては、忘れがちな事なので、注意をして読んでいこう。

「人は三段階有ると知る可し。総《そうじ》て天は往古来今《おうこらいこん》不易の一天なり。人は天中の一小天にて、我より以上の前人《ぜんじん》、我以後の後人《こうじん》と、此の三段の人を合せて初《はじ》めて一天の全体を成すなり。故に我より前人は、我前世の天工を亮《たす》けて我に譲《ゆず》れり。我之《これ》を継《つい》で、我後人に譲る。後人是を継で、其の又後人に譲れり。前生・今生・後生の三段あれども皆我一天中の子にして、此三人有りて天帝の命を任課するなり。『仲尼《ちゅうじ》祖二述《シテ》堯舜《ヲ》一』『継《ギテ》二前聖《ヲ》一開《ク》二来学《ヲ》一』是孔子のみに限らず。人と生れては人々天に事《つか》うる職分なり。身形《みなり》は我一生の仮託、身形は変々生々して、此の道は往古来今一致なり。故に天に事うるよりの外、何《なん》ぞ利害禍福栄辱《かふくえいじょく》死生の欲に迷うことあらん乎《や》」（沼山閑話）

【訳】

「人は三段階あることを知るべきです。全体的には天は昔から今に至るまで変わらないで存在しています。人は天の中の一つの小さな天で、まず自分、そして自分以前の前人と、自分以後の後人との三段階の人を合わせて、初めて天の全体を成しているのです。したがって自分より前人は、前世の天のはたらきをたすけて得たものを、自分に譲り渡してくれたのです。自分もこれを継いで、後人に譲り渡すことです。後人は更に後人に譲り渡していく。前世、今世、後世と三段階ありますが、皆わが天の中の子であって、この三人があって天帝の命令を果たすことができるのです。『孔子は堯舜の道を述べて、後世の学問を開き、昔の聖人の道を継続させました』。これは孔子だけではありません。人と生まれたからには、天につかえてそのはたらきをたすけるのが、与えられた職分なのです。身形《みなり》は自分一代のものですから、移り変わるものですが、この道は、昔から今に至るまで、変わるものではありません。したがって天につかえることのほかには、利害・禍福・栄辱・生死の欲に迷わない方法はないのです」

人間と天は、これほど密接な関係なのだと横井はいうのである。「天につかうる心」こそが、「人として持つべき心」であるとしている。ということは、リーダーであれば尚更のことであろう。

◉天は単なる概念ではない

さらに横井は、次のようにいう。

「宋《そう》の大儒《たいじゅ》、天人《てんじん》一体の理を発明し其《そ》の説論を持す。然《しかれ》ども専《もっぱ》ら性命道理の上を説《と》いて、天人現在の形体上に就《つい》て思惟《しい》を欠に似たり。其の天と云うも多く理を云《いい》、天を敬すると云《いう》も此《こ》の心を持するを云う。格物《かくぶつ》は物に在るの理を知るを云《いい》て、総《すべ》て理の上心の上のみ専らにして、堯舜《ぎょうしん》三代の工夫とは意味自然に別なるに似たり」（沼山閑話）

【訳】

「中国宋の時代の大儒が「天人一体の理」を発明し、その説論を主張しました。しかしそれはもっぱら「性命」天性と生命、「道理」理屈の上のことばかりで、天と人との関係が、実世間、実生活においてどのようなものであるのかという思惟を欠いています。天というと概念上のことで、理屈の上のことのように扱っていますが、それは違います。「天を敬する」というのも、この心を如何に保持するかしかいっていません。「格物」も理屈の上のことしか言わない。「堯舜三代の工夫」堯舜三代で行われた天の扱いとでは意味が違うのです」

そこで、「堯舜三代の工夫」とは何かということになる。

⑦「堯舜三代の治政」の根本

第四の主張	堯舜三代の治政への復帰

◉純朴な姿勢で天に対する

横井は次のように言っている。

「堯舜三代の心を用ゆるを見るに、其の天を畏《おそ》るる事、現在天帝の上に在《いま》せる如《ごと》く、目に視《み》耳に聞く動揺《どうよう》・周旋《しゅうせん》、総て天帝の命を受《うく》る如く自然に敬畏《けいい》なり。別に敬と云《い》う

て此の心を持するに非《あら》ず」（沼山閑話）

【訳】

「堯帝、舜帝の政治の根本には何があったのか。何に、どのように心を尽くしたかを見てみると、まず天を畏敬することは、いま目の前に天帝という指導者がそこに居られるというように心を尽くしていました。目にすること、耳にすること、この自然や万物で起こる物事のすべてが、天帝の命令だとして、謙虚に慎み深く、畏敬の念をもって受けていいます。特に敬わなくてはならないからと思って、形式的に、表面的に天に対し敬う心を持っていたのではありません」

このようにリーダーとして政治に従事する者は、純朴で質朴な姿勢をもって、素直に天と対していたのである。

◉すべてのものの特質を活かし、有効活用する

では、こうした心をもって政治をするとは具体的にはどのようなことをいうのであ

ろうか。

「故に其の物に及ぶも、現在天帝の命を受《うけ》て天工を広むるの心得にて、山川・草木・鳥獣・貨物に至るまで格物の用を尽して、地を開き野を経し、厚生利用至らざる事なし。水・火・木・金・土・穀各其の功用を尽して、天地の土漏《も》ること無し。是れ現在此の天帝を敬し現在此の天工を亮《たすく》る経綸の大なる、如レ之《かくのごとし》」（沼山閑話）

【訳】

「この世に存在する様々な物についても、いま自分の目の前に居られる天帝の命令を受けて、民の幸せと健全な社会を願っている天のはたらきを広めるのだという心をもって、山川・草木・鳥獣・財貨や品物に至るまで、その特性と性質を活かし、どうすればその持ち味を最大限に発揮できるだろうかと考え抜き、創意工夫して、全土にわたってその土地の特質を見極めて、効果的に活用し尽くしたのであります。水・火・木・金・土・穀、すなわち水、飲料水など生活水や田畑の用水、生産に必要な水まで。火、エネルギー源からその活用まで。木、植林から材木全般まで。金、財政金融、商取引から交易、金銭全般。土、国土土地の管理から有効活用まで。穀、食糧生産から栄養管理までをしっかり行い、この地球上の物はすべて有効活用して一つとして漏れるものはなかったのです。以上のように、天帝を畏敬する心をもってこの世を見れば、全て天帝の贈り物であるから一つとして無駄に使ってはならない。こうした精神を徹底させていたのが『堯舜三代の治政』なのです」

横井にとっては、この「堯舜三代の治政」こそが理想とする国家、その政治の姿であり、描くべき国家ビジョンの基盤であった。

⑧『書経』とは何か

◉古代の王たちの政治をリアルに描く

横井が「堯舜三代の治政」といっているのは、何処から読み取ったのか。

『書経（尚書）』である。

五経の一つで、古代の王たちの政治の実際が、まるで目の前で展開されているように、会話のやりとりでリアルに描かれている。

特に横井のいう「堯舜三代」というのは、『書経』の章立てに則していえばどうなるのか。

表紙を開いてまず登場するのが「堯典《ぎょうてん》」である。堯帝の例えば暦の設定による全国統一などの、治績の数々と、後継者である虞舜《ぐしゅん》を選択するまで、適格者であるかどうかの審査などが書かれている。

続いて「舜典」になる。

この堯舜の帝位の受け渡しは有徳者に譲る「禅譲」である。次の舜から禹も禅譲であり、理想とされる。禅譲の反対が「放伐《ほうばつ》」であり、徳のない君主を倒して帝位に就くことをいう。

更に『書経』は続いて、「大禹謨《だいうぼ》」「皐陶謨《こうようぼ》」「益稷《えきしょく》」となる。

横井はここまでを特に深読みしたのである。

横井の思想を理解する重要な書物であるので、ここでその概要に触れておこう。

◉堯帝の人物像を描いた「堯典」

堯帝がどのような人物であったかを語っている。

「曰若古《えつじゃくいにしえ》の帝堯を稽《かんが》ふるに曰《いわ》く『放勲《ほうくん》は欽明《きんめい》、文思《ぶんし》は安々《あんあん》にして、允《まこと》に恭《うやうや》しく克く譲《ゆず》り、四表《しひょう》を光被《こうひ》し、上下に格る』」

解釈としては次のようになる。

「曰若」というのは、「いわく、ごとし」と読めるので昔語りの神職といってよい。その人が昔の帝堯について稽《かんが》えてみるに、となる。

いまもよく使う「稽古《けいこ》」とは、〝いにしえをかんがえる〟という意味。いまを生きるわれわれも、古代の先祖が存在し、そこから受け渡されてきている情報ばかりで成り立っている。したがって何事も、まず、〝いにしえをかんがえる〟ことは必須だと言っているのだ。

「放勲欽明、文思安々」

これこそ堯という人物を明らかにし、そこから東洋のリーダーの在り方を表している、とても重要な八つの文字である。

「放勲」は、「はなつ、いさお」。いさおといえば武勲である。戦って上げてきた功績を言っている。それが、放たれているというのだ。どういうことか。本人は何も語らないが、歴戦の勇士、勝者であることが、身体の中から語られている。いま時の言葉でいえば、〝オーラ〟だろう。

まず、「腕っぷしの強さ、頼りになる強者」であることが、リーダーの条件だ。いまの社会でいえば「業績を上げてきた人特有の力強さ」であろう。

◉じっくり思えば一つの筋が見えてくる

しかしより重要なのは、次の四文字だ。

「文思安々」

前の武勲の武と対《つい》を成した「文」、したがって「文武」の両方が備わっていることが、リーダーの必須条件だ。

「文思」とは、「教養」とも読めるし、「心の文《あや》を承知した思いやり」とも読める。

横井は、特に「思」を重視する。

「思う」とは、学問の基本と位置づける。『論語』にある「学びて思わざるは則ち罔《くら》し。思いて学ばざれば則ち殆《あやう》し」（為政第二）に説かれている「思」だ。

横井は次のようにいう。

「古《いにしえ》の学は皆思の一字に在り」

人心の知覚はまことに限りないもので、己の中にあるこの知覚をおしひろげれば、この世のもので一物として分らないものはない。その心の知覚は「思」にあって、思ってその筋を会得すれば、この世にある物事の理は、みな自分のものとなる。

これはなぜこうなのか。この事は何故こうなるのかということを、一つひとつじっくり思っていくと、そこに一つの筋が見出せてくる。物事は、こうなるものなのだ、こういうものなのだということの発見こそ、天の道理の発見であり、よくいう「道理で」である。原因や理由が分かって納得すること、である。

それこそが「天の道理の筋が分かった」ということだろう。

◉この世は道理で動いている

名人達人が言う「この世は道理で動いている」ということだ。したがって名人達人とはこの世の道理に明るい人なのだ。

これが会得されなければ、学問など、人間が生きる上で役立たないものということになってしまう。横井はこれを重視しているのだ。

したがって真の学問とは「己《おのれ》に思い思うて」それでも道理がつかめない時に、初めて「古人に照し其の理を求むる」のであって、「思い思うてもいないのに、古典を読んでも道理は会得できない」と、言っているのだ。

さて、「文思安々」であるが、安々とは安定的にということで、深く「思い思うて」道理を弁《わきま》えて、「思いやり」「無類の優しさ」を安定的に、変わることなく常にもって、人と接するということだ。

リーダーとは「腕っぷしの強さと無類の優しさを兼ね備えている人」なのだ。

堯とはそのような人であった、というのである。

「允《まこと》に恭《うやうや》しく克く譲り」

人間としての力量は群を抜いているが、しかし謙譲の美徳にあふれている。

「四表を光被し」

その人の周辺は、いつも光でおおわれており、それは上位の人から下位の人にまで及んでいる。

ここまでが、堯帝の個人の人となり、リーダー自身の在るべき姿をいっている。

◉リーダーと組織運営との関係

リーダーは個人の素晴らしさをただもっているだけでは何の意味もない。それをどのように組織（国や会社）に活かしているかこそが重要となるのだ。リーダーと組織運営との関係が次に述べられている。

「克く俊徳を明《つと》（勉）め、以て九族を親しみ、九族既に睦《むつ》みて、百姓を平（弁）章し、百姓昭明にして、萬邦を協和し、黎民於《れいみんおほ》いに變《しげ》り（蕃）時れ雍《やわら》ぐ」と。

「克く俊徳を明《つと》（勉）め」

堯帝は自分の持つ「俊徳」目ざましく高い徳を、自分の運営組織によく発揮させた。

「以て九族を親しみ、九族既に睦みて」

「九族」というのは親族のこと。当時の政権は親族集団であった。いまでいう「側近」のこと。

側近たちとリーダーは親愛の関係にあり、側近たちも相互に仲が良い関係にある。

トップと側近の仲も側近どうしの仲も良いから、トップ層が親密で一枚岩になっている。

「百姓を平（弁）章し、百姓昭明にして」

そういうトップ層が形成されると、自然とその下の、国でいえば、国民、会社でいえば社員も相互の信頼を基盤とした団結力のある集団になるのだ。

百姓とは、百の様々の姓ということで民衆を表している。

その国民を平章、すべての国民を基本的に公平に扱ったのである。上が公平に扱えば、民の方はどうなるか。身分相応の暮らしを送るようになる。扱いが不公平であれば、〝何とか良い暮らしを〟と競い合うことになるから、〝身分不相応〟を望むことになる。犯罪の原因にもなるのであるが、そうした風潮が社会にないわけで、みんなが身分に応じて楽しめるような社会になっている。だから、社会は落ち着き、安定することになる。

「萬邦を協和し、黎民《れいみん》於《おほ》いに變《しげ》り（蕃）時《こ》れ雍《やわら》ぐ」と。

トップは実に立派な人格を持った人物が座り、側近たちも含めた国家運営集団は一枚岩の様相で緊密な関係にまとまっている。国民も安定した落ち着きのある社会で身分相応の暮らしを楽しんでいる、という国があると、「萬邦」周りの諸国は、攻めて行って領土を奪い取ってやろうなどとは思いもしないものだ。したがって「協和」を申し込んでくる。

つまり「内憂外患」が全くない国となる。

これこそが名君である堯帝の治政なのである。

◉地が安定して初めて天の安定がある

『書経』は、まさに堯舜から禹、そして湯、そして文王、武王、周公旦の名君たちの事績の数々が詳細に語られているので、どれも外せないところだが、今回は「書経」の解説書ではないので、横井の「堯舜三代の治政」に特に重要な関わりをもつところのみを紹介するにとどめたい。

となると、もう一点、「大禹謨《だいうぼ》」の次の件《くだり》である。

「禹曰く、於《あ》、帝念《おも》はん哉《かな》。徳は惟《こ》れ政を善くし、政は民を養ふに在り。水火金木土穀惟《こ》れ修《おさま》り、正徳利用厚生惟れ和し、九功惟《きゅうこうこ》れ敍《じょ》し、九敍惟れ歌ひ、之を戒《いまし》むるに休を以てし、之を董《ただ》すに威《い》を以てし、之を勸むるに九歌を以てして、壊《やぶ》る勿《な》からしめよ。

帝曰く、兪《しか》り。地平らぎ天成り、六府三事《りくふさんじ》允《まこと》に治《おさ》まり、萬世永《ばんせいなが》く頼《たよ》るは、時れ乃《なんじ》の功《こう》なり」

【訳】

「禹がまだ舜帝に仕えている時、舜帝に次のように申し上げた。

『舜帝、念《おも》ってください。徳こそが政治に最も大切なことです。何故なら民の真の幸せを願う徳に基づけば、政治が善くなります。徳こそが善政の基本です。

そして、その善政こそが民をよく養うからです。政治とは民をより良く養うことです。

水火金木土穀の各々の食庫がいつもしっかり一杯になって満つること、だから民の暮らしは困ることがないのです。

政治は、「正徳」社会が人々の〝自己の最善を他者に尽くしきる〟精神で成り立っています。「利用」この世は無駄なものは一つもありません。人間も物も利《よ》く用いることで、各々が持つ役割が全うされるのです。「厚生」命を大切にし、充実した日々を生きる一生の支援をすることです。こうした政治によって、多くの喜びが社会にあふれ、民は人生を謳歌し、不正を排除し、正しい行いを促進させるために褒美を用意し、怠け心を正すために強い力をもってし、善良を広く行き渡らせるのに、その良さを唱和し、社会や政治の乱れをなくすることです』」

これに対し舜帝は、「その通りだ」といい、「地平らぎ天成り、六府三事允《まこと》に治まり」というのだが、ここが「平成」年号の出典といわれている。

注目は、まず「地平らぎ」地上が平穏になり安定しなければ「天成り」天が成り立たないといっているところだ。

通常われわれは、天の方が上位の概念で、天のリードで地上の様相が決まるように思っているが、ここでは、それは違うといっているのだ。

むしろ「地が安定して初めて天の安定がある」と読める。

地と天とは公平で共生な関係であること。すなわち「公共の関係」にあることを表しているのだ。

為政者は自分の国の安定ばかりを心配していればよいというのではない。天を含めた全体の在り方に、常に気を配る必要があるのだ。

◉「六府三事」を治めるために励む

さて、では「地が平らぐ」ためには、何がどのようになっているべきなのか。

「六府三事允に治まり」

六府の府とは、政府、幕府の府で、そもそもは「蔵《くら》」の意味。「府庫を開く」といえば、政府の倉庫を開いて民を救うことを意味する。つまり政府とは、一旦緩急あった時に民を救うための蔵が完備され、民はそれをいつでも見て、何があっても安心だと思う。つまり民に対し、「安心・安全・安泰」の境地を与えるのが要務なのである。

ここでは、「六府《りくふ》」というから、六つの領域の蔵といい、それを「水・火・金・木・土・穀」としている。これを五行「木・火・土・金・水」と読んでは間違いと横井がいっており、これは民の日常生活の必需品、暮らしを成り立たせるライフラインと読むべきだとしたのである。

ある一定期間民が暮らしに困らないだけの日用品、必需品が大倉庫に完備されている。だから何があっても安心なのだという政府のメッセージなのである。

その上「三事」が行き渡っていること。

三事とは、「正徳・利用・厚生」で、その意味は先ほど述べたように、

正徳、国民相互に他者を思いやる心で社会が成り立っている。

利用、この世の人や物で無駄なものは一つもない。すべてを利《よ》く用いる社会になっている。

厚生、国民の生命重視と人生の確立を念願としている社会。

こうした社会をいっている。

「六府三事允に治まり、萬世永く頼るは、時れ乃《なんじ》の功《こう》なり」

六府三事がまことに治まっている。この状態が永続されるために、みんな励んでほしい、といっているのだ。

◉全国土改良事業を描いた「禹貢」

もう一点、承知しておいていただきたいのが「禹貢《うこう》」だ。

古代中国の国家は、黄河の沿岸に開けた都市であって、それは「洪水」の被害の多いことを表わしている。

黄河は湖のような大河であるから、一旦暴れだすと甚大な被害が出る。大津波と同様、すべてを洗い流してしまう。何とかこれを止められないかと、最初は神や天に祈ったことだろうが、直《じき》に悟る。治山治水の大家が現れないと治まらない。

中国人のリアリズムの始まりであろう。

そこで「鯀《こん》」が指名されて、任務にあたるが九年経っても成果が上がらない。

そこでその子「禹《う》」が再度挑戦し、見事治めるのであるが、その一部始終が書かれているのが「禹貢」である。

その仕事振りは想像を絶するものがある。そのほんの最初の一部分のみだが、紹介しよう。

「禹土を敷《し》き山を隨《こぼ》ち木を刊《き》り、高山大川を奠《さだ》む」

まず序文として以上が掲《かか》げてある。

「禹は、土地を耕作地に変えていった。山をきり崩し、木を伐って、高い山、大きな川を治めていった結果である」


そこで広大な中国国土を「九州」に分け、それぞれの州ごとに高山大川を活用できるように流れを変え、土地を広げ、その地域の「土質」を調べ、その耕作地、田畑の耕作能力を「上の上・中・下、中の上・中・下、下の上・中・下」に評価し、適した作物を選定し、その末の税の徴収の可能性を、また「上・中・下」で評価し、更に特産品とすべきものも指導している。

ただ単なる治山治水などという段階の仕事振りではない。

広大な中国国土全土にわたっての、品質向上のための総合的改革活動である。

この禹の大事業の成功は、いまもって現在の中国政権においても、国家的大戦略実施の模範になっているが、横井の時代においても驚異をもって読まれたのだ。

⑨『書経』の深読み

第五の主張　大義を世界に布《し》かんのみ

◉『国是三論』で訴えた治政治道の大原則

それでは今度は、横井が如何に『書経』を深読みしてこの「堯舜三代の治政」を読み解いたかを、見てみよう。

ここでいわれる堯舜三代とは、堯舜と夏・殷・周の三代の時代ということ。これが『書経』の巻頭から「堯典《ぎょうてん》」「舜典《しゅんてん》」「大禹謨《だいうぼ》」「皐陶謨《こうようぼ》」「益稷《えきしょく》」二典《にてん》、三謨《さんぼ》に各々の政治の特質が記されている。

横井が福井藩に対し一八六〇（万延元）年に提出した政道論である『国是三論』富

国論には次の主張がある。貴重な資料でもある花立三郎訳注の『国是三論』を基に読んでいこう。

「通商交易の事は近年外国より申立てたる故、俗人は是《これ》より始《はじま》りたる如《ごと》く心得れども、決《けっし》て左《さ》にあらず。素《もと》より外国との通商は交易の大なるものなれ共《ども》、其《そ》の道は天地間固有の定理にして、彼《か》の人を治《おさむ》る者は人に食《やしな》われ人を食う者は人に治《おさめ》らるるといえるも則《すなわち》交易の道にて、政事といえるも別事ならず、民を養うが本体にして、六府《りくふ》を修《おさ》め三事を治る事も皆交易に外《ほか》ならず」

【訳】

「通商と交易（貿易）のことは、近年外国より開国を要求されたが故《ゆえ》に、外国を見習って始めたように思っている人が多いのですが、そうではありません。外国との通商の中で交易は重大なものですが、この他者と物品のやりとりをし、こちらに豊富な物があれば不足の地に提供し、こちらの不足の物を得るという道理に則《のっと》った行いは、天地間にもとよりある固有の定理なのです。『孟子』（勝文公上）にあるように「人を治る者は人に食《やしな》われ、人を食う者は人に治らるる」（農産林業などで物品を生産し、租税を納めている一般の人、つまり治められている人が、実は為政者を食っているのだ）というのも交易の道であるし、政治というのも他のことを言っているのでなく、民を食うことがその本体で、六府を修め三事を治める事も別のことではありません」

「先《ま》ず水・火・金・木・土・穀といえば、山・川・海に地力・人力を加え民用を利し人生を厚《あつ》うする自然の条理にして、堯舜《ぎょうしゅん》の天下を治《おさむ》るも此《こ》の他《ほか》に出でず」

【訳】

「まず水・火・金・木・土・穀というのは、山や川や海に、その土地の地形や土質などを効果的に発揮させた土地の力と、人間の力で開発活用して、民の暮らしの様々な必要物資を生み出して民に利を与え、民の人生を豊かに意義あるものにしましたが、これは、この世に存在する自然の筋道であり、堯舜の政治もここを外しては成り立つものではありません。」

「九川《きゅうせん》を決《き》り四海《しかい》に注ぎ畎澮《けんかい》を濬《ふかく》し川を距《へだた》り有無を遷《うつ》し居を化す。皆水路を開き舟《しゅう》楫《しゅう》を通じ、民をして粒食《りゅうしょく》を得せしむ交易の政事にて、就中《なかんずく》禹貢《うこう》には、土地の性質によりて金・銀・鉛・鉄を初蚕桑《はじめさんそう》・染糸《せんし》其《そ》の外所有《ほかあらゆる》物産を開き、河海山沢を通利し、貢賦《こうふ》の制をも定《さだめ》られたる大交易の善政丕績《ひせき》は勿論《もちろん》にて、八政にも食・貨を先にし、九経も庶民《しょみん》を子とし百工を来《きた》すの事あり。是等《これら》皆大聖の立定められたる善教仁政にして、万世に亘《わた》り永く頼るべき大経大本也《なり》」

【訳】

「禹が全土を九つの州、九州に分けて、各州ごとに、九つの大河を中心に主要な川の川底を深くし、両岸を整備するなどして、洪水など水害をなくし、水路を開いて舟の運行を盛んにして物流を促進し、更にその両岸や中州に広がる土地を肥沃な耕作地に変え、民に食糧を得させるという交易の政治を説いているのです。中でも禹の業績を記した禹貢（『書経』）には、各地のその土地の性質により、金銀鉛鉄を産出させることをはじめとして、絹や各種糸の量産を起こし、更に土地の名産品の生産販売を促進し、河海山沢に交通の利便を図り、年貢、租税の制度も定め、総合的な見地から国土の大改革を行ったのは、大交易の善政であり大成果なのです。このことは勿論、「八政」（『書経』洪範にある政治の大原則八つ「一は食と曰《な》す。二は貨と曰す。三は祀《し》と曰す。四は司空と曰す。五は司徒と曰す。六は司寇《こう》と曰す。七は賓と曰す。八は師と曰す）にも食と貨が一番二番となっています。「九経」（『中庸』にある天下を為《おさ》める要点九つ。「身を脩むるなり。賢を尊《たっと》ぶなり。親を親《した》しむなり。大臣を敬するなり。群臣を体するなり。庶民を子しむなり。百工を来《ねぎら》うなり。遠人を柔《なつ》くなり。諸侯を懐《やす》んずるなり」）と庶民を子《いつく》しむとし百工、多くの工人を大切にして招くとあります。これらはみな昔の聖人が定められた善教仁政であり、万世にわたって永く守るべき大原則にして大本《おおもと》なのです」

以上が堯舜三代を貫いて伝わる治政治道の大原則なのだと横井は考えていた。

◉「堯舜三代の治政」こそ仁政の基本

したがってこの大原則をいまも、いやどの時代であろうと絶対厳守することが仁政の基本だとしている。したがってもし堯舜がいまの時代のリーダーであっても、やはり大きな成果を上げたのだ、と次のように言う。

「堯舜をして当世に生《しょう》ぜしめば、西洋の砲艦・器械、百工の精、技術の功、疾《と》く其の功用を尽して、当世を経綸し天工を広め玉《たま》うこと、西洋の及ぶ可《べき》に非《あら》ず」（沼山閑話）

【訳】

「もしいま堯舜がこの世にいて、国家の長に就いていたら、西洋が装備しているような大砲軍艦、器械などを、更に技術者の精練した腕前と技術の極めつけを駆使してもっと素晴らしいものをつくり、卓越した政治を展開して、天帝のはたらきを広め、成果を上げて仁政を行うことでありましょう。それは西洋諸国などの及ぶところではありません」

当時多くの日本人は、西洋列強国は近代文明による機械、技術を既に保持している先進的国家で、その先進性が、旧弊な体制の時代遅れの機械、技術しか持っていない自分の国日本に襲いかかってきたのだと受け止めていた。それはその通りなのだが、その機械技術も、その使い手の人格、人間力、その背景にある思想哲学が重要なのであると、横井は見通していた。

佐久間象山は同様にこうした受け止め方のできた珍しい日本人であったが、「技術に精神はあるか」と端的に表現している。この横井と佐久間こそ時代を超越して本質を見通したまさに偉人であった。

更に横井は、この日本の危機を救うばかりか、その上新しい世界の秩序が現出するチャンスの時と認識し、その手本として、「堯舜三代の治政」を挙げて、ここに復帰すべしと主張した。

◉「天を畏れ、民を畏れる」の実践

横井小楠といえば、その思想の象徴として次の漢文が思い出される。

堯舜孔子の道を明らかにし
西洋器械の術を尽くさば
何ぞ富国に止まらん
何ぞ強兵に止まらん

大義を四海に布かんのみ

（二人の甥の米国留学に際して贈る）

【訳】

「堯舜三代、孔子の精神と治政をすみずみまで行き渡らせる。その上で西洋の機械、技術を尽くしたなら、富国強兵など容易なことだ。しかし、そこで止まってはいけない。この考え方とこの行い方を通して、世界（四海）に世界の存在意義と人間の道義の何たるかを、行き渡らせるのが、日本の役割なのだ」

何しろ横井の「堯舜三代の治政」の根幹には、天との密接な関係と、もう一つ民のため「利世安民」を築くことがある。まさに「天を畏れ、民を畏れる」の実践だ。

「全体聖人の作用、利世安民の事業、二典三謨《さんぼ》にて粗《ほぼ》見《み》得《え》可レ致候。皐陶謨《こうようぼ》に六府《りくふ》三事允乂《まことにおさまる》と有レ之、六府は水・火・木・金・土・穀《こく》の六物を指《さし》候て、民生日用の財用不《かく》レ可《べから》レ欠《ざる》者なり。聖人上に在《あり》て民生日用の世話をいたされ、右の六府を乂《おさ》めて其

の用を尽し、物産も仕立て器用を造作し、許大の生道を建立《こんりゅう》せられたり」（沼山対話）

【訳】

「聖人の政治は、世の中に真の豊かさを与え、民に安心、安全、安泰を与えることで、その為の事業は、『書経』の堯典・舜典の二典と、大禹謨《だいうぼ》・皐陶謨《こうようぼ》・益稷《えきしょく》の三謨とで、大筋のことは知ることができます。大禹謨に「六府三事允に乂《おさまる》」とあるこの六府とは、水・火・木・金・土・穀の六つの種類の物資を指しており、多くの国民が、暮らしていく為の生活財として、欠くべからざるものなのです。聖人が上にいて国民の生活に不可欠の物資の世話をされ、右の六つの領域の物資を欠くことなく生み出し整え貯蔵して、更に器械や道具をつくり、国民各々の人生が成り立つようにされました」

◉「現実感《リアリティー》のある富国政策」を禹の偉業に学ぶ

堯舜の政治に対し、更に「現実感のある富国政策」を実現させた夏王朝を開いた禹の偉業も充分に学ぶべきだとしている。

「又一篇の禹貢《うこう》を読候《よみ》に、禹の水利を順導いたされ候功業、西洋人も是を見て甚《はなは》だ其の作用の広大なるを嘆感《たいかん》すと云《いう》」（沼山対話）

【訳】
「もう一篇、『書経』の「禹貢」を読むと、禹が水、河川、海の活用をされたその功績の数々が書かれていますが、西洋人もこれを読むと、その利用活用の広く大きなこと、ただ単に治山治水に止まるだけでなく、山地や荒地の開墾や河川の付け替えなどにより全土を耕作地に替えるなどの改良事業、その土地の名産品の発掘、河川の改良により舟の交通量の増大にともなう流通の強化など、実に幅広く効果的なことに驚かされるといいます」

宋の大儒のように、とかく、字面だけを規定どおりに読むのではなく、人間の実生活、実人生の観点に立って読み解かないと、「堯舜三代の治政」の本質も意義も正しく理解できないと、横井は言っているのだ。

⑩「孔孟の学」とは何か

さらに敢えて触れておけば、横井は「孔子」「孟子」の文献も、堯舜三代を基盤に置いて読まないといけないといっている。

「我孔孟《わがこうもう》の道は、堯舜《ぎょうしゅん》三代の道統を祖述《そじゅつ》いたされ候ものにて、堯舜三代は位に居て天下を治められし故、其の道正大にて天に継《つ》ぎ教《おしえ》を立てられたり。孔孟は又其の天下正大の理を以て教を後世に伝えられ候」（沼山対話）

【訳】

「わが孔孟の説くところも、堯舜三代の道を受け継ぎその伝統を述べているものなのです。堯舜三代は天子の位にいて天下を治められ、其の実際の政治によって、天の教え、宇宙の哲理、理法を実現されました。孔孟はその天下正大の理を教え説いて、後世の人々に伝えられたのです」

現代のわれわれもそうだが、当時の人々も「孔子」や「孟子」をどう読んだかといえば、まず孔子が立って儒家思想の根幹を為す、いわば教義を明らかにした。それを約百年後に出た孟子が体系的に確立をして、儒家思想といわれる思想哲学を成立させたと理解し、そうした理解の上で、「五経」を読み、「四書」を読んできたのである。

しかし横井は、孔子孟子が説くところも、堯帝と舜帝と夏（禹）・殷（湯）・周（文王、武王、周公旦）によって、実際の政治である国家の統治と民の暮らしの成立、諸外国との外交活動など、「実践的治政」の歴史的蓄積と数々の功績があって初めて成り立っているのだから、「堯舜三代の治政」を基盤として儒家の思想を理解し、孔子孟子を読まないとその真髄に到達することはできないと言っているのである。

以上が、横井の描く日本の在り方の根幹を為すキーワードなのである。

整理してみると次のようになる。

⑪ 横井小楠「国家構想」の根幹

第一の主張	世界一等の仁義の国になる
第二の主張	この道を明らかにして世界の世話やきになる
第三の主張	天に代わって百姓（国民）を治める
第四の主張	堯舜三代の治政への復帰
第五の主張	大義を世界（四海）に布《し》く

一言にまとめると、次のようになる。

堯舜三代の治政を復活させて
世界一等の仁義の国となり
天に代わって世界の民の為に働き

世界の世話やき国家となって
大義を世界に広める

こうしてまとめて、一つの文章にしてみると、さすがに横井小楠、と思わせられると同時に、勝海舟を恐れさせたその炯眼《けいがん》と視点の高さをつくづく感じるのである。

さらに横井は、この構想に立ちはだかる障害についても、既に予見して述べているのである。

第二章

国家構想成立を阻むもの

① 最大の障害は何か

第六の主張	割拠見の気習と自利する心体を正す

◉「割拠見」を離れ、「天理」の高さを示す

まさに二一世紀の世界を見通したかのような、グローバルな人類社会の中での日本の役割を鮮やかに描き出した横井小楠の凄さは、それだけで止《とど》まることなく、構想の成立を阻止する障害についても入念に考えを及ぼし、その核心についてもずばり指摘をしている為に、防止策をあらかじめ用意することさえ可能にしているのだ。

横井は次のように言う。

「是必竟《これひっきょう》各国に於て各の割拠見《かっきょけん》の気習を抱き、自《みずから》利《り》するの心体にて、至誠惻怛《しせいそくだつ》の根元無《これ》レ之《なく》候故、何分天を以《もっ》て心として、至公至平の天理に法《のっと》り候こと不《あたわ》レ能《ざる》ものに候」

（沼山対話）

【訳】

「つまり西洋の各国においては、各々に割拠見の気習、自分の国のことだけしか見えない自国優先の見方を持ち、自国の利益のみに固執する人間になっており、まごころをもって困っている国を気の毒だと思う心もなく、何分天を見習って広い心をもち、公平の至りである天理にのっとって行うことができないのです」

ここで「割拠見《けん》」という耳なれない言葉が出てくるのだが、これは「群雄割拠」の「割拠」で、自分のことしか考えない、自分勝手、自分優先の考え方を表し、そうした見方を割拠見といっているのだ。いまでいえば、自国ファーストのことだ。更に「自利」が出てくる。自分の利益しか考えないことで、「利己主義」のことだ。西洋各国はそうした国なのだと横井は見ている。

東洋の伝統のような至誠惻怛の心も、天に代わってという心もない。

更にここでは、「至公至平の天理」という言葉が出てくるところに注目したい。

つまり、この地球を被《おお》う天の、その天を成り立たせている理《ことわり》こそは、「至公至平」公平の至りなのだと言っているのだ。

横井の思想が儒家思想圏のみではなく、もっと具体的にいえば、自他非分離の伝統をもつ東洋ばかりでなく、自他分離になりがちの西洋社会、西洋人にも共感を持たれる可能性があるとすれば、東洋だ、西洋だという、それこそ「割拠見」を離れて、「天理」の高さの理論を示す必要がある。

そうした観点から、もう少し、横井の「西洋観」を見てみよう。

② 西洋諸国をどう見ていたか

◉相互に交通・交易するのが自然の道理であり今日の情勢

「乍《さりながら》レ去渠等《かれら》追々《おいおい》の世変《せいへん》を経て、利害の終始を瞭視《りょうし》する処有《あり》て、不仁不義の終《つい》に患《うれい》を招くに至ることを知て甚《はなは》だしき暴虐《ぼうぎゃく》はなさざるのみならず、近来は又人の国を奪取《だっしゅ》など申すことは勢《いきおい》不レ行《おこなわざる》ことと存決《ぞんじ》して不レ仕候《つかまつらず》」（沼山対話）

【訳】

「しかし西洋諸国も何度かの戦乱を経て、利害を相対的に見て考えた時、不仁で不義の行いがついに自国にも大きな災難や難事を招くに至ることを知って、行きすぎた暴虐は行わないようになったばかりか、近年は他国を奪い取ろうなどということは、情勢からいって無理なことと知っているから、決して行わないのです」

そして、その例としてインドを挙げる。

「扨《さて》印度は膏腴《こうゆ》の地にて交易の便利至て宜《よろ》しく甚《はなは》だ愛惜《あいせき》致し、頗《すこぶ》る寛政《かんせい》を行い、租税なども至て薄く取立て其の民《たみ》の心を懐《なつけ》て候。是《これ》はアメリカの事に手懲《てごり》したる者とみえ候」

【訳】

「（イギリスは）インドが肥えた土地を持ち、交易にも便利で絶好な場所であるので、たいそう大切にして、とても寛容な政治を行い、租税も至って薄《うす》く取り立てて、民の心をなつくようにしました。これは、アメリカが独立してしまったことに大いに懲《こ》りたのでしょう」

「ということは、西洋人の経綸は本末の末だけで、本がないということですか（然《しから》ば洋人の経綸は有《すえ》レ末而《ありて》無《もと》レ本《なき》ものに候わんか）」

という井上毅の質問に対して次のように答える。

「左様にして候。其の見る処元来皆利害上より出たるものにて、皆向う捌《さばき》とみえ候」

【訳】

「その通りです。西洋諸国のやり方を見てみると元来、すべて利害の上から判断して対処したことばかりなのです」

さらに井上は次のように問う。

「西洋人が世界は一体、人類は皆兄弟といっているのは、天理に適っていることですか（洋人の万国一体四海兄弟と申唱《もうしとな》え候は、天理に叶《かない》候哉《や》）」

それに対して、こう答える。

「是は全体を申したるものにて、其の実を申せば親疎《しんそ》の差別あるべきことにて、然《しか》るに華夷《かい》彼此《かれこれ》の差別なく、皆同じ人類にて候えば、互《たがい》に交通致《いたし》、交易の大利を通じ候が今日自然の理勢《りせい》と被レ存《ぞんぜられ》候」

【訳】

「これは原理原則をいっているもので、その実態をいえば、（各国の間、特に西洋と東洋の間には）親しい関係とそうではない疎遠な関係とがあります。しかしほんとうは中華と夷狄《いてき》、中央の国と周辺の野蛮な国、自国と他国などの差別はなく、みんな同じ人類ですから、お互いに交通し、交易して大きな利益を通じ合うのが、今日は、自然の道理と情勢だと思います」

◉戦争よりも交易のほうが利益は大きい

さらにこうもいうのだ。

「渠等《かれら》申唱《もうしとな》え候議論、皆枝葉末流に付《つき》て精微《せいび》に研究する迄《まで》にて、至誠惻怛《しせいそくだつ》より発出《はっしゅつ》致《いたし》候者とは相違いたし候。其の本《もとづ》く処は畢竟《ひっきょう》利害より出《いで》候て、暴虐《ぼうぎゃく》無理を振舞《ふるまい》候ては終《つい》に其の害を受くべきことを察知致し、只今に至りては万国皆《みな》人の国を奪取《だっしゅ》などのことは不レ仕《つかまらず》候。七分の合戦より三分の交易は莫大の利にて候えば、今に謝絶致《いたし》候わば、必ず戦争に及可レ申《およびもうすべく》候。渠等は一度の惨怛《さんだつ》にて万世の大利を開くべしと存《ぞんじ》、且又《かつまた》、所詮《しょせん》戦争に及ばずして日本人心つまり交易の方に安心不レ仕と見込居《みこみおり》候ものとみえ候。渠等申立候議論は甚《はなは》だ精密なる物にて、丁度《ちょうど》易を見たる様の物に候。易は吉凶悔吝《かりりん》を以て教を示し候。渠等が見る処も本利害より出候え共《ども》、向う捌《さばき》は甚《はなは》だ根強きものに候」

【訳】

「彼らが唱えている議論は、みんな枝葉末節のことを、詳しくこまかく研究するだけのことで、至誠惻怛の心から出たものとは、全く違うものです。その彼らの論の大本は、つまるところ利害から出ているものです。しかし暴虐無理な行いを振る舞った末には、結局はこちらが害を受けることをよくよく知って、今日になっては、どの国もみんな他国を奪い取るなどのことは、しないようになりました。七分の国力をかけて国益を得る戦争よりも、三分の国力をかける交易の方が、莫大な利益が得られるのですから、いま交易を拒否すれば、必ず戦争になるのです。彼らは一度の悲惨な状況を経て初めて長年にわたる大きな利益を得ることができると思っていますから、結局は戦争をしなければ日本人の心を開国へ向わせることはできないと見込んでいるように思えます。彼らのいう議論は、とても精密なもので、ちょうど、『易』を見ているようなものです。易は吉か凶か、悔るか、けちるかになるかを教示するものですが、彼らが見るところも利害から出ているのだけれども、その対処はとても根強いものがあります」

ここで「戦争」ということが出てくる。

横井の国家構想は「覇道」に対する強烈なアンチテーゼでもあるから、戦争をどのように扱うかは、とても重要な問題なのだ。

③戦争をなくする

第七の主張　多くの人間が戦死するようなことは止める

◉「心徳の学」なきことが戦争を招く

横井の思想の中には戦争をこの世からなくするという重要な命題がある。前に挙げた横井の発言にも、次のことがあった。

「一発に壱万も弐万も戦死すると云様成事は止めさせねばならぬ」（村田氏壽『関西巡回記』）と言っているのだ。

では戦争は、何故起こってしまうのか。

「西洋の学は唯《ただ》事業之上の学にて、心徳上の学に非ず。故に君子《くんし》となく小人《しょうじん》となく上《しょう》下《か》となく、唯《ただ》事業の学なる故に事業は益々《ますます》開けしなり。其《そ》の心徳の学無き故に人情に亘《わた》る事を知らず、交易談判も事実約束を詰《つめ》るまでにて、其の詰《つま》る処ついに戦争となる」（沼山閑話）

【訳】

「西洋の学問は、ただ事業の学であって、心徳の学ではありません。したがって君子も小人も、社会の上から下までの人々が、ただ事業の学問をするので、事業は益々開けていったのです。しかしその人々の心は、心徳の学問がないために、人情ということが分かっていない。交易の談判も事実約束をつめるだけであるから、そのつめればつめるほど戦争になってしまうのです」

戦争のそもそもの起点に「心徳の学」がないから人情というものが行き渡っていかないというのである。

ここで「事業の学」と「心徳の学」という対比が出てくるが、この対比こそが、「戦争をなくする」というこの世の中の象徴的ともいうべき命題に対する横井の示唆と受け取ってもよいと思う。

これを言い換えれば、「覇道と王道」の関係、あるいは「利財と仁義」の関係にも当て嵌《は》まる。

◉「本末、先後」が重要

儒家の思想は、この両者の関係を、「徳は本なり財は末なり」（『大学』）といい、また「先義後利」（『孟子』）と言っている。

ここでの最大の注意点は二つある。

一つは、財も利も否定していないことだ。

もう一つは、「本末、先後」こそが重要で、この順番だからこそ成り立っているのだ。

決して「財は本なり、徳は末なり」になったり「先利後義」にはならないのである。成り立たないのである。

強弁すれば、財や利が欲しければ欲しいほど徳や義を先行させなければ、そうならないといっているのだ。

なぜか。

天の道理なのである。

仏教的にいえば「因」と「果」の関係といってもよい。原因がないのに結果が出てくることはない。

種を蒔《ま》きもしないで、芽が出ることはない。

苗を植えないのに、稲が育つことはない。

徳、細心の気配りで一連の仕事を成し遂げたことがあって、初めて財となって返ってくるのだし、義、自分の役割をしっかり果たして、利が返ってくるのだ。

したがって『大学』でも説いているように、「本末、先後」が重要なのだ。

なぜか。

天の道理だからだ。

横井は何故「天との関係」を重視したか。更に「堯舜三代の治政」から「天畏の精神」を読み取ったかといえば、そこには絶対的存在ともいえる「天の道理」があったからだ。

だから横井はこういっている。

「事業の学にて心徳の学なくしては、西洋列国戦争の止む可《べ》き日なし。心徳の学ありて人情を知らば、当世に到りては戦争は止む可《べ》きなり」

「心徳の学」を先行重視させて、その後で「事業の学」を行うべしといっているのだ。

◉「心徳の学」を世界に説くのが日本の役割

そして横井は、この事を世界に説いて回ることこそ、日本の役割だと明言する。

「本朝《ほんちょう》は古昔《こせき》より流義の一定せし学なく神道《しんとう》・儒《じゅ》・仏法《ぶっぽう》面々あり。当世に至《いた》りては西洋の事功も採用する様《よう》になれり。方今若《ほうこんも》し三十万石《ごく》以上の人に其《その》人を得て、三代の治道を講じて西洋の技術を得て皇国《こうこく》を一新し西洋に普及《ふきゅう》せば、世界の人情に通じて終《つい》に戦争を止《や》むることいかにも成《な》る可《べき》なり。此《この》道本朝に興る可し、後来何かになる可き乎《か》」

（沼山閑話）

【訳】

「日本には昔から一つの学問のみによる伝統ということがなく、神道・儒学・仏教などいろいろ（道教、禅仏教）な学統があります。その上近年になって西洋の文明も採用するようになりました。もし、いま三万石以上の大名にその人を得て、三代の治道を行い、西洋の技術を取り入れ、日本を一新し、西洋に普及したならば、世界の人情にも通じて、ついに戦争をなくすことも確かに可能なことであります。これは日本においてこそ興るべきであり、将来世界に何かを起こすことになりましょう」

わが国日本には、「儒教・仏教・道教・禅仏教・神道」という思想哲学の蓄積がある。こんな思想哲学の集積地は世界広しといえども、他にはない。つまりこれは、「心徳の学」の伝統がある国なのである。この精神文化的土壌こそが日本の特性であり、いまこそこの特性を認識して土台とし、その上に先端的西洋技術を駆使して「堯舜三代の治政」を行い、その成果を世界に提供することをやれば、戦争をなくすことも可能だというのである。

④ 国家主義と平和主義

◉「事業の学」には人情がない

われわれ人間は、誰でもが人の子であり、兄弟であり、人の親でもある。そうした肉親の関係として社会を見れば、平和を望まない人は、おそらく一人もいないであろう。

戦争を宜しとするような人は、一人もいないと思われるが、しかし世界、地球上で戦争はなくならないのである。

どうしてか。

横井は、それは「割拠見」があるからだという。自分さえよければ、自分の家族さえよければ、自分の国さえよければという現代でいう「国家主義」、個人でいえば「自利」の弊害が問題であるという。

それは何処から来るのかといえば、「事業の学」が先行して「心徳の学」が付いていかないからだという。

もっと言えば、「事業の学」には人情がないという。これは何を示しているのだろうか。

私はこう思う。

事業を皮相的に見れば、そこに登場するのは「金」であり「計算」であり、「欲望」である。

およそ人間あるいは人間性とは、隔絶したものばかりなのである。極端にいえば、そこには「命」がない。人間の生命というものが関与していない世界なのだ。横井が「人情がない」と言っているのはそのことだ。

人間として何よりも真っ先に考慮すべき命が関わっていない、無機物のような、機械のような世界であれば、当然、利の取り合いの為には何をも辞さず、ひたすら戦おうということになる。命の心配をする必要がないからだ。そうなれば、行き着く先は、戦争も辞さないということになる。最初から命が関わっていないわけだから、戦争という結論になるのも、いわば当然のことだろう。

だから横井は「心徳の学」の重要性をいい、人情の大切さを言っているのだ。

◉「事業」は命を基本にしなければいけない

横井の最も言いたいことは、「事業」こそが、「人情」その大本《おおもと》にある命の大切さを基本に置いて行うべきなのだということだ。その一例が、「心徳の学」を学んだ人の事業の行い方には、人間として見て危うさがないではないか。

こうして横井の論を考えてくると、「国家主義」の弊害を乗り越えて「平和主義」に向かう要点が見えてくるように思える。

それはやはり、「世界一等の仁義の国」になることであるし、「世界の世話やき国家」になることだし、その為には「堯舜三代の治政を復活させる」ことだし、そうした国になって「天に代わって世界の民の為に働く」ことであり、そして「大義を世界に広める」ことによって、戦争をなくすることになるのだ。

その時、忘れてならないのが、「天の道理にもとづいて」ということである。国家のレベルで考えてもより良い解答が出ないことでも、その上のレベルで考えれば、何か出てくるものだ。

それが「天」という概念だと横井は言っているのだ。

そこまで本題を引っ張り上げて議論すれば、必ず共通項は見出せるというのだ。

⑤「陰陽論」とは何か

第八の主張	公共の天理をもって世界に乗り出す

◉相待・相補の関係を見つけ出す

もう一つ横井の発想を助けているものがある。

それを私は「陰陽論」だと思っている。

この世のすべてのものは「陰陽」によって出来上がっている。完璧なものほど相対する陰陽の気の両方から出来上がっている。それを矛盾といえば矛盾といえる。万物生成の原理である。

陰とは、月・水・夜・冬・女・静など。

陽とは、日・火・昼・夏・男・動など。

陰陽は相対《そうたい》、つまり相《あい》対立している関係にある。と同時に相補《そうほ》、相補い合っている関係にもあり、一方があるから一方も存在するという相互依存の関係でもある。

したがって矛盾を乗り越えて、完璧なものにする、あるいは、矛盾を解消する為には、相対立している関係の中からどちらか一方を取って解決するのではなく、両者の、相対、相補して補い合っている関係を見つけ出すことが肝要なのである。

横井は江戸の人間だから、「四書五経教育」という幼年教育を受け、更に儒家思想の探究を極めた儒学者であったから、この事は、現代人のわれわれ以上に心得ており、いわば当たり前のことと承知していたことだろう。

これを「国家主義」と「平和主義」の矛盾でいえば、自国を愛する気持ちは当然誰にもある。尊いものでもある。だからこそ否定されるべきものではない。むしろ自国を愛するからこそ自国の発展繁栄が必定なのだ。だからこそ世界中の国々との良好な協力関係があってこそのものなのだ。それは世界の安定と平和があってこそ、もたらされるものなのだ。

さらに現代社会においては通信技術の高度化、発達などもあって、自国の孤立的発展繁栄など不可能なことだ。世界の国々の協力なくして自国の発展は有り得ない。したがって自国の心配と共に「世界の心配」が必須の要件なのである。

陰陽論の極地には次の言葉がある。

「陰陽を和《わ》して元《もと》となす」

完璧なものこそが、陰陽を和してその上に誕生するものなのだ。

したがって、東洋思想を学ぶ者は、矛盾がくれば、完璧なものを生み出すチャンスがきたと、むしろ喜ぶほどだ。矛盾大歓迎なのである。

AとBという対立する矛盾の上に、AとBも含んだXという完璧なものができると考える。弁証法でいう〝アウフヘーベン〟（矛盾・対立する二つの概念を、その矛盾・対立を保ちながらより高次の段階で統一すること）であり、西田幾多郎のいう「絶対矛盾的自己同一」だ。

したがって「国家主義」と「平和主義」という矛盾・対立を、両方を活かして、より高次の段階で統一しようというのが、横井の論である。

横井はそれを「大義を四海（世界）へ」と表現したのである。

その大義こそが、「世界の心配＝世界の世話やき」であり、「人情＝人間性＝命」であり、「天に代わって」という「天の存在」なのである。

これらを横井は一言で言っている。

「宇内（世界）に乗り出すには公共の天理を以て――」

◉「至誠惻怛」をもって対する

「所詮《しょせん》宇内に乗出すには公共の天理を以て彼等が紛乱をも解くと申丈《だけ》の規模無レ之候ては相成間敷《まじく》、徒《いたずら》に威力《いりょく》を張るの見に出でなば、後来禍患《かかん》を招くに至るべく候」（沼山対話）

【訳】

「世界に乗り出すには、公共の天理をもって、世界の紛争をも解決するのだという気持ちと説得力がなくてはできません。ただいたずらに威力だけを強圧的に振るうという了見では、のちにどのような禍や問題が生じるかわかりません」

ここで出てくる「公共の天理」とは何か。

「世界が治まっていて、初めて自国の発展繁栄がある」「天の道理に適っていて天の力を味方につけることができる」というのが「公共の天理」であろう。

したがって、この理念を忘れないこと。

もう一つは、「至誠惻怛《しせいそくだつ》」ということが決め手になると、再三横井はいう。「まごころをもって、困っている人を気の毒だと思い、何としても救おう」という心である。

西洋諸国が二重三重に軍備を整えてきても、こちらはあくまでも至誠惻怛をもって対すれば、世界に通用しないことは全くない、と言っている。

なぜか。

至誠惻怛こそが「天の道理」つまり天から流れてきている天の意志であり、「天に代わって民を世話する」という天の期待に応える行為で、それこそが「公共の天理」なのである。

天の道理は、何も東洋だけに行き渡っているのではない。普《あまね》く地球の上に行き渡っているわけで、西洋人の心にも通じる、人間共通に感応するもの、だから「公共」と言っているのである。

◉「誠心誠意」「まごころ」は世界の共通言語

横井は常々こう言っている。

「我れ誠意を尽《つく》し道理を明かにして言わんのみ。聞くと聞かざるとは人に在り。亦安《いずくん》ぞ其《そ》の人の聞《きか》ざることを知らん。預《あらかじ》め計《はか》りて言《いわ》ざれば其の人を失う。言うて聞ざるを強く是を誣《し》うるは我言を失うなり。「孔子沐浴《シテ》而朝《ス》」の一章、是当世に処する標準なり」（沼山閑話）

【訳】

「私は誠意を尽くして道理を明らかにして言うだけです。それを聞くか聞かないかは相手の人にあるのです。相手が聞かないだろうと、勝手に思い込んで言わなかったら、聞くはずの人を失うことになります。言っても聞かないのに、無理に押しつけるのは、自分の意見の正しさを失うことになります。孔子は斉で部下が君主を殺すことがあり「大義を破滅させる」と自国の朝廷に出て討伐を申し出た。しかし誰も聞こうとしない。しかし孔子は毎日〝斎戒沐浴〟して身を清めて訴え続けた。孔子は相手がどうあろうと誠意を尽くしたのである（『論語』憲問）。これこそ、いまの世に生きていく標準なのです」

「当世に処《しょ》しては、成《なる》も不《なら》レ成《ざる》も唯々《ただただ》正道を立て、世の形勢に倚《よ》る可《べか》らず。道さえ立て置けば、後世子孫可《のこるべき》レ残なり。其《そ》の外《ほか》他《た》言《げん》無し」（沼山閑話）

【訳】

「いまの社会で生きていくのには、成功、不成功などより、ただただ正道を立て、訴えることが大切で、世の形勢に流されてしまってはよくない。正道さえ主張していれば、後世の人々の中に必ずそれを聞いて立ってくれる人が出て来るものです。これしかいうことはありません。」

横井小楠といえば、理論の人、頭脳の人という印象が強い。しかし、こういう発言を読んでいくと、私の横井に対する印象は変化せずにはおれない。

むしろ「信念の人」というべきかもしれない。

しかしよくよく考えてみれば、西洋人といっても人間であることには間違いはない。人の子であり、人の兄弟であり、人の親でもある。

人の心が通じないわけはない。

人情が通じないわけがないのだ。

と考えてくると、次のことに気付く。

「同じ日本人でも通じにくい人もいるではないか」

西洋人を特別話の通じない人間として見ている自分に気付くのだ。

当然そこには相違がある。

伝統も違う。風習も違う。価値観も違う。

だからこそ、同じところを見付け出すことが重要なのかもしれない。

横井はそれを「至誠惻怛」だといっているのだ。

「誠心誠意」、「まごころ」こそが万人共通のもので、まさに「人情の通じ合う」仲をつくるのだ。

それこそ世界の共通言語ともいうべきもので、そこに磨きをかけろと横井はいっているのだ。

なぜその様に断言できるのかといえば、「遺表」である。

⑥「遺表」で語られたこと

◉良心こそが政治の要諦

横井は一八六九（明治二）年一月五日に暗殺されるのだが、その半年ばかり前に、一時、重病になって、もうこれで終わりかという状態に陥ったことがある。

その時弟子が呼び集められ、横井の命ずるところ、遺言ともいうべきものを口述し、それを書き取ったものが「遺表」である。

人間がこの世と別れる時に残す言葉であるから、とても重いといえる。

その「遺表」の第一条には何とあるか。

「良心」とある。

良心こそが政治の要諦とあるのだ。

そこの文章、つまり横井が遺言として述べた言葉を読むと、この良心こそが政治の要諦といっている真意がよく分かるのである。

その中に「不忍」という言葉が出てくる。不忍といえば、「忍びざるの心」というものであろう。

これは『孟子』（公孫丑章句上）に出てくる言葉である。

孟子はこういう。

「人皆、人に忍びざるの心有り」

人間であれば誰にでもあるものに、他人の不幸を平気で見ているのに耐えられない気持ちというものがある。

「先王人に忍びざるの心有り、斯《ここ》に人に忍びざるの政《まつりごと》有り」

聖王は、この他人の不幸を見ているのに耐えられない心の持主であった。したがって、その心をもって政治を行った。民の不幸を見ているのに耐えられない立派な政治を行った。

「人に忍びざるの心を以て、人に忍びざるの政を行はば、天下を治むること、之を掌《しやう》上《じょう》に運《めぐ》らす可《べ》し」

このように民の不幸を見ているのに耐えられない心をもって、思いやりの深い政治を行ったならば、天下を治めることなど、まるで手の平に天下を載せ、ころがすように容易にできるものだ。

ではこの「人に忍びざる心」とは何かといえば、「いままさに幼児が井戸に向かってヨチヨチと歩いて行く。このまま行ったら井戸に落ちてしまう。これは大変だ、とはっとする気持ち」なのだといっている。

こういう人間ならではの心、人間であれば誰もが生まれながらに持っている心は、「惻隠《そくいん》の心」（困っている人を見て気の毒だと思う心）、「羞悪《しゅうお》の心」（自分の不善を恥じ、他人の悪を許さない心）、「辞譲《じじょう》の心」（ゆずり合う心）、「是非の心」（人間として善いか悪いか判断する心）の四つ、これを「四端」四つの端緒といって、人間であれば誰しも生まれながら持っているもので、やがてこれが「仁・義・礼・智」に育つといわれている。

横井が「良心」というその意義には、以上のことが含まれていると読むべきであろう。

第三章

国家構想を成立させる条件

①「国是三論」とは何か

◉理想国家を支える「富国、強兵、士道」

横井は郷里である熊本では、なかなか受け入れてはもらえず、直接藩政に携わって、その能力を発揮することは遂になかった。

その識見の高さと才弁の鋭さを考えると実に惜しいことと思わざるを得ない。

しかし機会は巡ってくるもので、福井藩に三顧の礼をもって招聘されるのである。一六代藩主松平慶永《よしなが》、号の春嶽《しゅんがく》の方が馴染みがあるが、この人に重く用いられて、その才能を開花させるのである。

福井藩といえば、橋本左内、由利公正（三岡八郎）などが有名であるが、どちらも横井の影響を多分に受けた人である。

特に由利公正は、横井の福井での活躍を支えた側近中の側近といってよい。五箇条の御誓文の起草者として有名であるが、横井の説論あってのものと私は思っている。

その横井が福井で何を行ったのか。

最も大きな貢献は、これまでに触れてきた国家の理想、在り方を忠実に実現させ、現実のものとして見せたことであろう。

特に「富国論」について横井は、国家構想成立の要点こそがここにあるとして、特に詳細に説論を展開し、それこそ由利公正などを実行部隊長とし、福井藩で驚異的な実績を上げたのである。

横井の凄さは、ここにある。

構想が如何に素晴らしくとも、いやそうであるほど、実現させることの困難さが問題となるものだ。

ところが横井は、構想成立の条件もしっかり準備し、しかもそれをやって見せたのである。

したがって次のように言える。

理想国家としての理念は大切だが、そこにそれを支える具体的な政策がなければならない。

それが横井の「国是三論」なのである。

一国を経綸《けいりん》する土台は何かについて福井藩に建言した書である。

三論とは「富国、強兵、士道」である。

この三点が「天・地・人」の形を成している。

特に「富国論」は重要で、国家が富み、財政金融ともに順調に発展してこその「理想国家構想」である。

さっそく、「富国論」の根幹を見てみよう。

②「富国論」

第九の主張	富国とは民が富んで豊かになること

◉時代を読む目を持たなければならない

まず最初に、「鎖国の弊害」と「開国、交易を開いた弊害」とについて語る。

そしてこういう。

「天地の気運と万国の形勢は人為を以て私《わたくし》する事を得ざれば、日本一国の私を以て鎖国する事は勿論《もちろん》、たとい交易を開きても鎖国の見を以て開く故、開閉共に形のごとき弊害ありて長久の安全を得がたし。されば天地の気運に乗じ万国の事情に随《したが》い、公共の道を以て天下を経綸せば万々無碍《むげ》にして、今日の憂る所は惣《そう》じて憂るに足らざるに至るべきなり」

【訳】

「天地の気運と万国の形勢は、人間の作為的な思わくをもって、自分勝手に扱うことのできないものです。日本一国の勝手で鎖国することは勿論、たとえ交易を開いたとしても、鎖国時代の閉鎖的な考えをもって開国をしたのでは、開国鎖国のどちらにしろ弊害があって、長い期間にわたっての政治の安定は得がたくなるのです。

それゆえ天地の気運に乗じ、世界万国の事情にしたがって、公共の道をもって天下の政治を行えば、万事障害なく、今日の心配事も全くなくなるでしょう」

国の経綸、特に経済運営にとって何がまず鍵となるかといえば、「天地の気運」だといっている。

この世は動き続け、変化し続けている。

これは「易経」の考え方でもあるが、一刻として止《とど》まってはいない。ということは、休みなく時代は進む。つまり、次々と時代遅れをつくっていくことになるのだ。

また、経済の発展は、時代の変化に応じて生じた、人々の要求に対し、どう応えていくのかにある。

したがって時代を読む目を持つことは必須である。

その変化は、「天地呼応」して行われるものであるから、常に両方を注視している必要がある。

したがって、どんなに小さな地域を治めるリーダーであっても次のことが要求されると横井はいう。

「世界全体の政治状況を語れる器量があって初めて日本国を治めることができるのだし、日本国を運営する器量があって一藩が治められる。一藩が治められて、初めて自分の職責が果たせられるのです」

〔万国を該談《がいだん》するの器量《きりょう》ありて始《はじめ》て日本国を治むべく、日本国を統摂《とうせつ》する器量有《あり》て始めて一国を治むべく、一国を管轄《かんかつ》する器量ありて一職を治むべきは道理の当然なり〕

天地の流れを承知することは、自分の治める組織の大小とは関係なく、リーダーとして必須なのだという。

◉民を富ませる「富国論」の仕組み

もう一つ、要求されることがあると横井はいう。

「せいぜい民を虐待しないぐらいで仁政などといっては、真の良い政治などはできません。良い部下といっても、土地を切り開いて藩の食糧倉庫を一杯にしたぐらいで、良く働いたと思うのでは、話になりません。そんなことで組織を運営する上司と部下が満足していられるのは、民の犠牲があってのことですから、民の敵といってもよいぐらいなのです」

〔明君《めいくん》有ても纔《わずか》に民を虐《しいたげ》ざるを以て仁政《じんせい》とする迄《まで》にて、其《そ》の真《まこと》の仁術《じんじゅつ》を施《ほどこ》すに至らず。良臣といえるも土地を闢《ひら》き府庫《ふこ》を充《みつ》るを務《つとめ》として、孟子《もうし》の所謂古《いわゆるいにしえ》の民賊《みんぞく》たる事を免《まぬ》かれず〕

あらかじめ述べておくと、横井の「富国論」は何しろ「一般の民が富んで豊かになること」という理念で貫かれている。

よく考えれば、これは当然といえば当たり前のことである。

国は富んで豊かであるが、国民は貧困に泣いているというのでは、真の富国といえるだろうか。

富んで豊かな国民の集合体であって、初めて富国といえるのだ。

したがって、横井は、「民を如何に富ますか」に智恵を使っているのである。

その根幹を為す仕組みは次のようになっている。

一、租税に出した残りの米や麦などの穀物、糸、麻、楮《こうぞ》、漆《うるし》など民の生産物は、藩が買い上げること。

これまでは民は商人に売っていた。商人の中には悪徳商人もいるから、買い叩かれたり騙《だま》されたりする。だいたい安く買われるのが当たり前であった。

一、藩が買い上げる値段は、民に利益があり、藩も損をしないところで決める。藩が利益を求めなければ、利益は自然に民に回る。

一、ただし、横浜・長崎などの月々の物品の相場を調べ、民間で売る場合の値段と比べ、それに諸港までの運賃や雑費を加え、藩が損をしなければ、民のいい値にまかせて、できるだけ高く買ってあげること。

一、越前藩の総生産物はおよそ数十万両にもなる。その全部を藩で買い上げることはできないから、福井や三国港などに大問屋を設けて、豪農や富商のなかで正直なものを選んで元締《もとじめ》とし、ここで藩庁の場合と同じ原則で買い上げるとよい。

「大問屋」という構想は、いまでいう貿易商社であろう。貿易商社という存在は世界広しといえども日本にしかないことを思えば、ユニーク極まりない発想といってもよいだろう。

一、民が商品を生産し、さらに増産しようと思っても、民には資金がない。そこは藩が金や食料を貸して増産をさせて、その産物を藩が買い上げて、その代金で、借金を払う。利子を取らなければ、民は大いに助かる。

一、ただし、原料・材料・道具などの仕入れ、人夫の手間賃、肥料代などすべて藩から貸し付けて利息を取らない。民が高利の金を借りないですむようにする。

一、すべて藩からの貸し出しは、元金を失わなければよいので、利を取ろうなどと考える必要はない。藩の利益は外国から取ればよい。

一、民の生産に役立つであろう、生育法や製法、簡単で便利な方法や器械があれば、まず藩で試験をし、試用をして、効果が明確になったら、民に採用させる。その指導は、民を思う心であたらなければならない。

一、ただし、養蚕技術や生産方法、農業機械や用具など、人力をはぶく便利な方法もあれば、みな藩で十分に試用試験をして、みんなが信用したところで民に採用させるのがよい。たとえ便利であっても、強制すればかえって民から反対されることが多いものだ。

一、工・商の民についても同じこと。資金や食料を貸し付け、便利な技術を教えて新しい生産に向かわせて、利益を上げるようにしてあげる。

一、職につかないで遊んでいるものにも、その望むところにしたがって新しい職業につかせて、それに必要な資金や器具を全部藩から貸し付けるようにする。

一、以上の事業を実施していくについて正道かどうか、道に外れていないかどうかという正邪《せいじゃ》を明らかにして、よこしまの者を罰し正しい者を賞し、勤勉を勧め怠惰を戒めることを、藩の当局の責任者が全力を尽くして努めなければならない。

以上が「富国論」の民を富ませる施策の骨子である。

◉民に寄り添った政策

まず感じるのは、「要を得ている」ということだ。

短文ながら根幹要点の部分は、しっかりと押さえられている。

わけても感心するのは、民の暮らしの現状をよく見通していることだ。当然横井は藩の賓客の立場であるわけだから、とかく見方は、上から目線の表面的になりがちであろう。

しかし鋭い視線は、民の暮らしの実態を逃すことなく見詰めている。

そしてそれが、なぜそうなるのかの原因を藩の政治の根本に立ち返って明確にしているのである。したがって政策に抜け目がない。

さらに民の気持ちになって思考が行き届いている。良いことであってもそれを「強制すればかえって民から反対される」などは、余程下々《しもじも》の感情に精通しなければ出てこない忠告であろう。

また、失業者対策にも触れているところがユニークだ。『書経』の「三事」、正徳・利用・厚生が実践されているのだ。

金を貸すにしろ、生産や増産を前提にするわけだから、民には負担にならないばかりか、意欲の源泉になるだろう。現代の貸金業とは全く違う。「人情」があるのである。

横井が常々いっている「人情があるか」こそが政治の要点、交易で外国と取引する決め手だと強調していることが、よく理解できるのである。

このように「政治に人情があるか」という問題は、政治にとってとても重要なのだが、人情を感じる政治など、とても少ない。それは為政者が真に民の暮しに寄り添っていない。民に寄り添うとは、どのようなことなのかも、ここの横井の政策に学ぶべきである。

③ 財政について

◉財政政策の根幹

「民を富《と》ますのは急務だとは思うが、その為には何といっても財源がなければ成り立たないが、この財源を供給するには、何か施策があるのか」

という質問に対し、横井は財政政策について語るのだ。

その根幹は次のとおり。

一、いまは鎖国の時代と違って、大いにやりやすくなっている。民間で多数の生産があっても、これを海外に運んで行けば、生産過剰で価値が下がることも、滞貨の心配もない。だから藩は努力して生産を上げるため、民の生活の安定を図り、それによって藩を富まし、武士も富ませればよい。

これが前提である。時代の変化、状況の変化を認識すべしといっているのだ。そして「一隅を挙げて是《これ》を譬《たとえ》んに」、一つの柱を挙げて説明すれば、といって具体的政策を展開する。

一、まず、一万両に相当する銀札（藩札）をつくって民に貸す。民はこれを養蚕の資金にあて、（製品づくりに励み）その製品を藩庁が集めて、開港地に持って行き、西洋の商人に売る。大体一万一千両の金貨になる。このようにすれば、銀札（藩札）は数ヶ月たたないで金・銀貨（正貨）に変わって利益があがるだけでなく、一千両の純益があがる。藩はこの純益を自分のものにしないで、一般に公表し、これをすべて貧民の救出にあてるとか、社会福祉事業に支出する。こうして利益が多くあがるほど、それだけ藩の政治は充実してくる。

一、民の産物はすべてこの方法で販売し、年々正貨が入るのを見計らって、銀札（藩札）を発行して民の回転資金としていけば、民の生産も無限に増大し、藩も年々正貨が蓄積される。

藩も充分な正貨の準備があってその流通に不足しなければ、物価高など心配することもなく、民にも銀札（藩札）が流通して上下ともにきわめて便利になるのだ。

一、もし銀札（藩札）を発行しすぎた心配があれば、正貨を支出して銀局あるいは司農局を通じて銀札を買い集め、それを藩の諸費用にあてれば、自然に藩の財政は豊かになる。

一、藩はその富を一般大衆に分かち、困っているものを救い、孤独のものに施し、刑罰を軽くし、税を減らしたうえで、「孝悌道徳の教育」をほどこし、民が仁愛の徳になついて為政者を父母のごとく仰ぐようになれば、教化はたちまちに行われて何事もできないことはない。

以上が財政論の骨子であるが、藩札は、大方の藩で信用を失いがちの存在であったから、積極的活用など考えもしなかった時代に、その藩札を有効に使い、民の行動に先立って必要な元手として活用するなど、見事と言う他ない。

④ 実際に実施した結果は

◉理想を実現した「富国モデル」

この「富国論」で、後年に生きるわれわれが、とても有り難いことがある。それは、実施した結果が出ていることだ。

しかし残念なことに、その詳細の公式文書を目にすることができなかった。私の努力不足もあろうと思うが、福井に滞在し四方八方出向いてみたが、納得できる記録には出会えなかった。

となると頼りは、横井の構想の実施部隊長であった由利公正（三岡八郎）の「由利公正伝」「子爵由利公正伝」の記述であるが、大方の見るところ詳細については、確証が取れない記述が多いといわれている。

したがって、大雑把な計数の紹介に終始することをお許し願いたい。大きな流れについては、間違いではないと思う。

まず、長崎に土地を購入し、越前藩蔵屋敷（大問屋＝物産総会所）を建てること。生糸・醤油などの販売契約をオランダ商館と結んだことなどから始まった。

問題は藩から出される商品が整《ととの》うかどうかであったが、三岡八郎が藩内各村を回り、大きな庄屋や農家を説いて回ったところ、続々と商品が集まってきたという。

まず手始めに、これまでは見捨てられていた「藁類《わら》」、縄、草鞋《わらじ》、蓆《むしろ》などを北海道へ持って行って売ったところ大いに売れ、こうした内職による生産物だけでも「二〇万何千両」に達したという。

これまでは、ほとんど収入にならなかったような内職が、思わぬ収入になる。民は交易の凄さを実感し、大いに意欲を高めたことだろう。

本筋である長崎の交易の主眼とするものは生糸であったが、初年度が二五万ドル。次年度は、生糸と醤油で六〇万ドルの取引になったという。

数年経って輸出した物産の総額は、一ヶ年で金三〇〇万両となった。

藩札はその都度正貨になって、金庫には常に五拾万両内外の正貨が貯蓄されているという状況になったという。

正確な計数の記録がないことが残念なことだが、いやしかし、よく考えれば、それは無理な注文かもしれない。

何しろ三〇〇年近くも幕府に抑《おさ》え付けられてきたのが各藩である。この交易の成功が幕府の耳にでも入ったら、何を申し付けられるかわからない。曖昧にしておこうと考えたとしても不思議ではない。

しかし一応この日本の一部で、少しの期間であっても「富国とは民が富んで豊かになること」という理想の姿が実現したことは、歴史的な偉業といってもよいのではないか。

理想を語る人は多いが、それを実践躬行《じっせんきゅうこう》した事実は、とても尊いものと思うのだ。

何故なら、この「富国モデル」を横井の言うように、日本全国に普及させ、そしてそれを世界へと広げていくということの、確かな一歩が踏み出されたことになるのだ。

⑤ 武士階級についての政策

◉武士の処遇をどうするか

農・工・商の民についての富民策についてはその骨子は分かったが、武士についてはどう考えていたのか。非生産階層だけに横井がどのように扱うか、興味深いものがある。

その根幹は次のとおり。

一、武士は世襲の家禄をもらって生活し、その禄高は身分によって決められている。その決められた禄高を忘れて倹約に努めず、贅沢のために困窮に陥るものは、持つべき武士の心構えを失った人間であるから、全く考えてやる必要がない。

一、救うべき者は突然思いも寄らぬ災厄に遭った者、禄高の割合に養うべき一家親族の数が多く困窮している者である。災厄というのは火災・病気の類《たぐい》で、みなやむを得ない事であるから、災厄の大小や軽重にしたがって救済する制度を設けて、資金や食料を貸し与えて救うべきである。

一、養うべき一家親族が多くて困窮している者については、当主の弟や次男などは、年頃になっても妻を迎えないのは、武家制度で当たり前になっているが、壮より老に至るまで夫婦父子の大切な人間関係を経験しない為に、品行の良くないふまじめな人間が多い。とても憐《あわ》れに思うべき者である。いままさに富国強兵を遂行すべき時、この人々にも役割や職業を与えるべきだ。

一、その才能や能力のあるなしによって、多少の給料を与え、差し当たっての生活を安定させ、就かせる仕事によって住宅も与えてやる。

一、たとえば航海に志ある者は、海浜に住まわせて航海に必要な機械や道具を与え、養蚕を願う者は、桑田の中に住まわせ蚕室を与えるというように、各々の志望にしたがって生計が立てられるようにする。功労によっては給料をふやし、妻を迎え子を産めるようにしてやるとよい。

一、海浜に住まわせた者は、やがて海軍で役立ち、桑田の中に住まわせた者は陸軍農兵として役立つようになる。

一、その他、刀鍛冶、鉄砲鍛冶など藩に役立つ仕事に力を尽くそうと志す者は、すべてその希望を叶えてやるがよい。

一、女子の場合も同様で、養蚕の道を教え、其の他好むところにしたがって、紡績や機織の道具を与え、自分の力で生活できるようにしてやること。

そして、政治の要点は何処にあるか、ということを説く。

「おおよそ国を治むるは、民を治めること、武士はその道具」というのである。

その「治める」とは何か。

「孝悌信忠を教えるは治道の本源」という。

「孝」は親に対する心、「悌」は年長者に対する心、「信」は友人に対する心、「忠」は世話になっている目上の人に対する心、だ。つまり、「心を斉《ととの》えさせること」であり、これこそが教育であり、民を治めることの本源である、というのだ。

しかし、いまはその教育に先行させるべきものがある。それこそが「生活の安定」だというのである。

孟子のいう「恒産なくして恒心なし」、生活の安定なくして、道義心も育たない。物質面の安定がないと、精神面も安定しないという言葉を思い起こさせる。

横井のリアリズムを実感させる言葉だ。

◉武家制度の抜本的転換を提案

それと、武家制度の抜本的転換を提案しているのも横井らしい。

武家制度では、次男以降の生まれには、厳しい処遇を与えている。それを象徴するのが次男以降の兄弟に対する通俗的な呼び方だ。

「厄介者《やっかいもの》」あるいは「部屋住み」と呼ばれた。

実は、横井自身がその厄介者であった。

横井は、一八〇九（文化六）年八月一三日肥後藩士横井大平時直《たいへいときなお》の次男として熊本で生まれた。本名は時存《ときあり》、ふだんは平四郎と呼ばれており、号の小楠は、楠木正成の子正行《まさつら》（小楠公）を慕って付けられた。熊本郊外の沼山津《ぬやまづ》転居後は「沼山《しょうざん》」とも号した。

横井自身が次男であったから、一生を兄時明《ときあき》の世話になって送る運命にあったのである。

ところが一八五四（安政元）年に兄が病死し四六歳にして家禄を受け継ぐことになった。

したがって四六歳までは次、三男の悲哀を嫌になるほど味わったことだろう。だから次、三男の救済策には、力がこめられている。

さらに、各々の志に基づいて、いまでいう「職業意識」のようなものを持たせるように仕向けているのも興味深い。

横井の発想には、何しろ「人間に意欲を持たせる」という人生の根本に触れる課題がいつも含まれているところがある。

生まれた家庭や兄弟との関係で一生が決定されてしまうような時代に、政治の基本に「人間の意欲」という力の源泉が、しっかりと考えられているのだ。

収入がどんどん上がってくることほど、人間の意欲を喚起することはない。内職仕事が思わぬ収入を生むなど、人間をやる気にさせることはなかっただろう。何しろいままでは貧しくて当たり前が民の暮らしであったことを思うと、当時の福井の民や下級武士の熱狂的な感動が伝わってくるのである。

経済とは、こういうものだ。政治とはこういうものだと思う。

一時のことだとしても、民の人生に希望と生き甲斐を与えた横井の「富国論」の凄さは、ここにある。

⑥「強兵論」

◉海軍の強化をめざす

「強兵論」の基本は、「日本孤島の防守は海軍に過ぎたる強兵なし」、孤島である日本を守るには海軍の強化よりほかはない、というのだ。

しかし闇雲に突っ走ればよいというのではない。まずは「世界の情勢」をよく知ることが肝要だとして、その詳細、主要各国の歴史的変遷と現在の状況などを語っている。

特にイギリスは、日本がアジアの中の東海中の一孤島であることは、イギリスがヨーロッパにおける同じ地勢であることから、特に参考にすべき国であるとして、その軍備の内容を語っている。

しかし、「イギリスは、国土が西北の位置にかたよっており、地勢も良いとはいえない。周りを海に囲まれているということを活用して、遠方まで思うままに侵略を繰り返し、強大国家としての今日を得ている。

これに比べると、わが国は地球の中央に位置して、海に囲まれ、交通の便ははるかにイギリスに勝《まさ》っている。（中略）時あって海外の諸国に渡航して、わが義勇をもって諸国の戦争を仲裁してやれば、数年もしないうちに諸外国は、かえってわが国の仁義の風儀を仰ぎ見るようになるだろう」と言っている。

結局横井のいうところは、次のところにある。

仁義の大道を世界に示し、大義を世界に説くにしろ、諸外国の圧力に対し堂々と対峙するだけの海軍を持たなければ、説得力がない。

世界の戦争を終わらせる為にも、諸外国がそれなりに聞く耳を持つだけの海軍力が必要だ。古代の王たちも、王道論をしく為には、それなりの軍備を持って悪政に対峙した結果である。

となれば、欠くべからざる要素として、次の「士道論」が重要になってくる。

⑦「士道論」

◉「真の文、真の武」を求める

「文武《ぶんぶ》は士たる者の職分にして治道《ちどう》の要領」

文と武こそが武士としての職分であり、国や藩を治める人間として習得すべき要点であるという。

しかし現在（当時）文を修めるというその内容は、『書経』や史書に通じて、ただ知識として、ただ言葉だけ承知しているという、空理空論の博識であるにすぎず、はなはだしい場合は、ただ文章語句の暗記暗唱にとどまっている。

武士にしても、馬術、剣術のことになってしまって、やたらと武道の心とか奥義とか高尚を説く、一方激しく猛烈な稽古をたっとび、はなはだしい場合は勝負を競っているところまでやる。

学者は武人を乱暴者と軽蔑し、武人は学者を柔弱者と嘲笑する。

つまり「文武」の真の実理が分かっていないと言っているのだ。

では、「真の文、真の武」とは何か。

横井は次のように言う。

『書経』「大禹謨」にある帝舜の徳を賞賛して述べる「乃《すなはち》聖《せい》、乃《すなはち》神《しん》、乃《すなはち》武《ぶ》、乃《すなはち》文《ぶん》」これこそが真の文武の本義であるという。

舜帝から発せられる「仁義剛柔」こそが文武だという。

文武とは、その人間が身に修めている要素、あるいは道徳的行為のことをいうと横井はいうのである。人格そのものをいうのだろう。

「素より徳性による事」なので、技術に関わる事ではない。後世に文と武などと二つに分けてしまったのは、そもそもの意味からは外れてしまっているともいう。

これがなぜ重要なことかというと、これこそが将としての持つべき要素なのだ。

「わが国も中古争乱の時、見識ある武将は、権謀術策や強勇だけでは、衆を信服させ国を治めることができないのを悟って、弓矢弾丸の飛びかう戦場に身をさらして心を治め、胆を練り、自反内省して〝己を修め人治める〟方法を工夫して自得したものだ。だから開国創業の功を成したり、また主君を補佐して成功させる武勲をたてることができたのだ。」

〔本朝も中古争乱の時に当《あた》っても、有識《ゆうしき》の将士《しょうし》は権謀《けんぼう》・智術《ちじゅつ》・強勇而已《きょうゆうのみ》を以《もっ》て衆を服し国を治《おさむ》るに足《たら》ざるを悟《さと》り、心を雨矢霰弾《うしさんだん》の中に治め胆《たん》を千槊万刀《せんさくばんとう》の下《もと》に練《ね》り、自ら反して己を修め人を治るの方法を工夫自得せる故、克《よ》く開国創業の功を成し、或《あるい》は輔《ほ》翼《よく》賛成の勲《いさお》を建《たて》たり〕

横井は、ここは是非間違ってくれるなとばかり「文武とは心の問題なのだ」と説くのである。

結論として、それではどうあるべきかを示している。

「主君は、上に在って慈愛・恭倹・公明・正大の心をもって、古代の聖人賢者に常に自分の行いを問いただして、武道により心を練り、下に対し、自己の心だてにもとづいて、人として在るべき道を説き、至誠惻怛、まごころをこめて人の役に立とうとする心をもって臣下を率《ひき》いて、国民を治めること。

家老は、主君の心を体して、憂国愛君のまごころをもって、驕慢や傲慢になりがちの自分に克《か》ち節倹の徳を修め、心志を尽くし身体を労し、困難に屈せず危険を恐れず、力を尽くし身を酷使して、士道の要点はこういうものだと手本となる行いを示し、衆に先だち、多くの人々の意見に耳を傾けて、諸役人と協議し、主君の意志を実現させ、より良く行っている人を賞し、劣ったものは指導する。

諸役人もまた主君と家老の意志を受けて、敢えて自分の我を張らず、忠誠に徹して、力を職分にそそぎ、清く正しく、士道を実践して部下を励まし、主君の意志を反映して部下を治める」


「人君は上に在《あり》て慈愛《じあい》・恭倹《きょうけん》・公明・正大の心を操《と》って是《これ》を古聖賢に質《ただ》し、是《こ》れを武備に練《ね》り、是を聖教に施《ほどこ》すに性情に本づき、彝倫《いりん》により至誠惻怛《しせいそくだつ》を以《もっ》て臣僚《しんりょう》を率《ひき》い黎《れい》庶《しょ》を治む。執政大夫《しっせいたいふ》は此《こ》の人君《じんくん》の心を体《たい》して憂国愛君の誠を立て、驕傲《きょうごう》の私に克《か》ち節倹の徳を修め、心志を苦しめ体膚《たいふ》を労し、艱難《かんなん》に屈せず危険に懼《おそ》れず、力を尽し身を致《いた》し、士道の要領必如レ此《かならずかくのごとく》にして遺憾《いかん》なきの轍迹《てっせき》を履《ふ》んで、身を以て衆に先《さき》だち、怛懐無我《だっかいむが》言《い》を容れ人に取るの良心を推《お》して、諸有司《しょゆうし》に議《はか》って人君の盛意を奉行し、善を挙《あげ》て不能を教ゆ。諸有司も亦《また》君相の意を禀《うけ》て、敢《あえ》て己我《こが》の念を挾《はさ》まず、忠誠無二、俛焉《べんえん》として各《おのおの》力を其の職分に尽し、廉介《れんかい》正直、共に士道を執《とり》て其の僚属《りょうぞく》を奨励《しょうれい》し、公に奉じ下を治む」

士道こそが組織を成り立たせていく力になるのだと言っているように思える。組織といえども、君主から下位の人間に至るまでの心の在り方こそで、その優劣は決まってしまうのだとも言っているのだ。

第四章

教育こそが成否の要

① 教育論

◉「学校問答書」に書かれた横井小楠の教育論

「国家構想」を立派に成り立たせる為の条件、あるいは失敗の場合の阻害要因についても、横井は既に充分に思考を重ねて、その要点についても整理して記していることを紹介した。

しかし、最後の最後に成否の要は、と問うたら、横井は「それは君主（リーダー）の人格による」そして「それを支える臣下の人間的力量による」というだろう。

やはり、この世の物事は、偏《ひとえ》に「人材」に掛かっているのだ。

となれば、問題となるのは「教育」である。

そこで、横井の教育論の根幹に何があるのかについて探ってみよう。

一八五一（嘉永四）年に諸国遊歴に出て福井を訪れ、越前藩の大方の人が横井という人物にぞっこん惚れ込んでしまったのである。

そこでちょうど藩校の設立を考えていたので、横井のそれについての忠告を求めたのである。

それに対する返答として書き記したのが「学校問答書」である。

ここに横井の教育論のコアとも言うべきものが、いくつか述べられている。

仮に誰かの問いに答えて自分の意見を述べるのを「或問形式」というが、ここでもこの形式が採用されている。

問い　政事の根本は人才を育成し風俗をあつくするにこれあり候へば、学校をおこし候は第一の政《まつりごと》にて候や。
〔政治の根本は人材の育成と、軽薄に流れない根源を重視する社会をつくることにあるが、学校の設立、つまり教育はいってみれば政治の第一義といえるのではないか〕

答　和漢古今明君いでたまひては、必先《かならずまず》学校をおこしたまふことにて候。しかるにその跡について見候に、学校にて出類の人才出て候ためしこれなく、いはんやこれより教化おこなはれ、風俗あつく相成り候こと見え申さず。まず漢土にて見候に、漢・唐・宋・明の賢人・君子としょうせられ候人、大学生よりいでられ候はこれ無く候。

唐太宗大学をおこし、生徒八千人のおびただしきを集められ候へども、この八千人の中より一人の人才いでもうさず。いたずらに盛んなる虚名に帰し申し候。かつ当今天下の列藩、いづかたも学校これなきところはこれなく候。

しかるに章句・文字をもてはやし候までの学校にて、これまた一向人才のいで候いきほひこれなく候。

〔古今の世で明君が出ると、まずは必ず学校を設立することを始めます。しかしその結果はどうであろうかと見れば、際立って優れた人材が出たためしがなく、教化が行われた結果、社会がとても良くなったということも見えません。中国を見ても、漢・唐・宋・明の時代に賢人や君子といわれた人で最高級の学問所である大学で学んだ人はいません。名君である唐の太宗も大学を設立し、生徒八〇〇〇人という多数を集めて教育をしたが、この中から一人の人材も出ませんでした。いたずらに虚名を高めたにすぎません。現在代表的な大きな藩には、どこも学校がないところはありません。しかしその教育内容は、章句や文字ばかりにこだわった学校ばかりで、一向に人材が次々と出てくるという勢いはありません〕

問い

和漢古今学校の跡かたちは然る事に候。しかるにこれは学問と政事と二つに離れ候より、学校は読書所に相成り、無用な俗学に帰し候。いま明君いでたまひてこの弊習を深くしろしめし、学政一致の道に心をおきたまひて学校をおこし人才を生育、風俗をあつくせんと志したまはば、しかる事にはこれなく候や。

〔中国と日本の昔も現在も学校の状況はそうした事であることがよくわかった。これは、学問と政治とを二つの事として分離してしまったことにより、学校はただ単なる読書所になり、社会に出ても役立たない無用の俗学になってしまっている。いま明君が出て、学政一致の道に心を置いて、学校を設立すれば、そうしたことにならないのでは」

答

この了簡《りょうけん》ひととおり聞え候へども、深く基本を考えざる事と存じ候。まず考えてご覧候へ。大和にても漢土にても古も今も学校をおこしたまふは、其国・其の天下の明君の時にてはこれ無く候や。

この名君のおこしたまふ学校にて候へば、はじめより章句・文字無用の学問になりゆき候はふかく恐れいましめられ、かならず学政一致にこころざし、人才生育に心をとどめたまふことに候。しかるにその学政一致を申す心は、人才を生育し政事の有用に用ひんとの心にて候。この政事の有用に用ひんとの心直様一統の心にとおり候て、諸生いずれも有用の人才にならんと競い立ち、着実為己の本を忘れ、政事運用の末に馳せ込み、其の弊たがいに忌諱娟《ききけん》疾《しっ》を生じ、はなはだしきは学校はけんか場所にあいなり候。これすなはち人才の利政と申すものにて、人才を生育せんとして却って人才をそこなひ、風化をあつくせんとしてかえって風俗をやぶり、其の末あつものにこり人才をいやがり候心に相成、はては章句・文字の俗儒の学校になりゆき候は勢ひの止むべからざるところにて候。

〔そうした考えはあらまし言われていることですが、深く基本を考えない事からくるのです。まず考えてみてください。日本でも中国でも昔も今も学校を設立するのは、その国や社会が明君によって治められている時ではないのです。名君が設立した学校であれば、はじめから章句・文字重点の無用の学問になることを深く恐れ戒められているから、必ず学政一致に志し、人材育成に心が行き届くことでしょう。

しかし、ここに注意すべきことがあり、それは学政一致という心には、人材を育成して政治に有用に活用したいという心があるのです。この政治に役立つ人材を得たいという心は、直ぐ皆に通じてしまい、生徒は誰もが役立つ人材になろうと競争し、着実に自己を向上させる自分の為の学問という本分を忘れ、目立つ為、登庸される為の学問になってしまい、その弊害は、こびたり、しっとしたりすることになり、はなはだしいのは学校がけんかの場所になってしまうのです。この心こそ「人材の利政」というもので、人材を育成しようとすればするほど、人材を害《そこな》ってしまい、良い社会にしようとして、かえって悪い社会になってしまい、その末「羹《あつもの》に懲《こ》りて膾《なます》を吹く」（一度失敗したのにこりて無益な用心をすること）のことわざどおり、人材をいやがるようになってしまうのです。その結果気が付いてみれば章句・文字などに詳《くわ》しいだけの二、三流の儒者を育成する学校になってしまうことがあります」

◉人材を育てるには「学政一致」が肝心

ここまでを整理してみよう。

聡明な君主が出ると、必ず「教育重視」として学校の設立、充実などを行うが、その結果、続々として人材が輩出するなどという学校は見たことはない。

なぜか。

「学政一致」が貫かれていないからだと横井はいう。

学問をしっかり行うとは何か。

学校で学び、そして学校を出る。

そして政治の現場に赴く。

その時に政治がしっかりできること、つまり経世済民の実施が滞《とどこお》りなく行えなくてはいけない。

ここを学ぶのが学校で、章句や文字の意味を詳しく知っていても、何の役にも立たない。したがって学校は、ただ単なる読書の場でもなければ、大義の語れない、二、三流の儒者を育成する場でもないと言っているのだ。

では、そうしたことを熟知している名君が、万事要点を指揮して設立すればいいのか、といえば、そこに一つの注意点があるというのである。

それが「人材の利政」ということだ。

これこそが「学政一致」の裏側に潜む魔物だというのである。

あまりにも政治の現場で有用な人材を育成するのだと、ここ一点に拘泥しすぎると、結果的には、章句・文字ばかりを重視する、つまり技術や「手練手管」ばかりを知った二、三流の専門技術者しか生み出さないことになるというのだ。

なぜか。

政治の場で有用な人材というと、それは、いい換えれば、自分たちにとって都合のよい人間の育成にだんだんなってしまう。それこそが「私利私欲」といえるのだ。そんな目的の為に育てられた人間など、有用な人材といえるだろうか、というのだ。
では、どうしたらよいのか。

② 学問の真の意味

第十の主張	為己の学こそ教育の根幹

◉「学政一致」の問題点は「人材の利政」

次の問答を読んでみよう。

問い　しからば学政一致の心は非なることに候や。

〔であれば、学政一致の心とは、よくないことであるのか〕

答

秦・漢以来この道明《あきらか》になり申さず。

天下古今、賢知も愚夫も押しならし心得候は、学問と申すは、己れを修むることのみにて、書をよみその義を講じ、篤実謹行にして心を世事にとどめず、ひとりみづから修養するをもって真の儒者と称し、経を講じ史を談じ文詩に達する人を学者ととなへ申し候。さてまた才職器量これあり、人情に達し世務に通じ候人を経済有用の人才といひ、薄書に習熟し貨財に通じ、巧者にて文筆達者なるを、能き役人と心得候。これ学者は経済の用に達せず、経済者は修身のもとを失ひ、本末体用相兼ること能はず候。漢の宣帝の漢家おのずから王覇をまじへ用いるの説も、その世の儒者体ありて用無きより政事は覇者功利の人用いられ候。今日の人心誰にうけたまわり候てもこの心得にて、分明に学政二に離れ申候。

この二に離れ候学政を一致にせんと欲し候は、ひととおりもっともに聞へ候へども、元来基本無くして治を求るの心急にこれ有り、前に申す通り人才を生育し有用に立んと欲す心主に成り候て、その実は一致にてこれ無く候。

これすなわち人才の利政に相成り候所以《ゆえん》にして、古今明君の通病にてこれあり候。

〔秦や漢以来この道理が明確になっていません。この世の中で昔も今も、賢人知者も一般の人々も押しなべて心得ているのは、学問というのは、自分を修めることの為に行うもので、書を読んだら、その社会的な意義を講じ、篤実謹行の心を失わず、世俗の事柄に気を止めないで、独り自分の修養をもって生きている人物を真の儒者といい、五経を講じ、歴史書を談じ、文詩の妙に到達する人を学者というのです。

さてまた、才職器量があり、人情もあり、世務に通じている人を経済有用の人物といい、薄書に習熟して、貨財に通じて、事務に巧みで文筆が達者という人を能力ある役人というのです。学者は経済に暗くその用には不向きで、経済を行っている人は身を修めること自体を失ってしまい、本末、根本と末梢と体用、本体と働きを兼ねることが出来ないのです。

漢の宣帝の王家は、王道と覇道をまじえて用いるという説も、その時代の儒者が本体ばかりを重んじて働きがないために、政治には、力づくで他者の上に立ち、利害のみを考える人が用いられたのです。今日の人の心も、誰に確かめても、この風潮に変わりはなく、したがって明確に学と政の二つに離れてしまったのです。この二つに離れた学と政を一つにまとめようということは、もっともに聞こえますが、元来、基本なくして治めたいという心になり、前に申したように、人材を育成し有用な人間として活用しようという目的ばかりになり、その実態は一つにならないのです。これすなわち「人才の利政」になってしまうからで、いまも昔も明君のよく見られる欠点なのです」

◉「為己の学」と「為人の学」

ここのところで横井の自論ともいうべき「為己《いこ》の学」という主張を解説しておこう。

これは『論語』（憲問第一四）にある次の章句から出ている。

「子曰く、古の学者は己の為にし、今の学者は人の為にす」

昔の学者は、自分の修養の為に学問をするが、今の学者は、人に知られることを目的として学問をする、つまり人の為にする学問という意味だ。これを「為人《いじん》の学」という。

横井の論法の基点は、常にこの「為己の学」か「為人の学」かにある。

学問というものは何の為に生まれ存在したかといえば、自分の人格を高め、人間性を磨くためである。

これを売名の為、つまり自利の為に行っていると、本筋から外れた努力となるから、いつか破綻し、かえって逆の結果となってしまう。

すべての問題は根本を正すことをもって解決するのである。したがって根本が何かを見通せなければ、何事も解決できない。無能なリーダーということになってしまう。その根本を知る能力こそ、自己の修養、つまり自己の精神と意識を磨くことに尽きるのである。

なぜなら、自己の根本こそ自己の心であり、精神、意識なのである。したがってあくまでも「為己の学」で、自分の内面強化の為の修養として学び続ける必要がある。

それを「為人の学」で、外面、外側、周囲、世の中の評判ばかりに気持ちが行っていると、どうしても「外側思考」「外面重視」になり、枝葉末節ばかりしか視点が向かないことになる。

すべての基本は、だから「為己の学」にあると横井は言うのである。

教育の目的も、したがって「為己の学」に徹することにある。

◉学校のあり方が国の根本になる

横井は次のように言う。

問い　学政一致ならざるのくるひ承り候。しからばその一致なる所以《ゆえん》のすじはいかがに候や。

〔学政一致がそうならない点はよく解《わか》ったが、一致するようにする為には何が必要なのか〕

答　こと新しき申し事ながら、天地の間ただこれ一理にて候へば、人間の有用千差万変かぎりなく候へども、帰宿は心の一にて候。されぱこの心を本として推して人におよぼし万事の政に相成り、本末体用かれこれのかはりは候へども、二つに離れ候すぢにてはこれなく候。

この二に離れざる一本より万殊《ばんしゅ》にわたり、万殊より一本に帰し候道理にて候へば、政事と申せばただちに己を脩《おさ》むるに帰し、己を脩むればすなわち政事に推し及ぼし、脩己治人の一致に行われ候所はただこれ学問にてこれ有り候。

それ故《ゆえ》に三代之際、道行われ候時は君より臣を戒《いま》しめ、臣より君を儆《いまし》め、君臣互いにその非心を正し、それより万事の政に推し及《およ》び、朝廷の間 欽《つつしめ》哉《よ》戒《いましめ》哉《よ》念《おもえ》哉《よ》懋《つとめ》哉《よ》都《ああ》兪《ああ》吁《ああ》咨《ああ》の声のみこれ有り候。

これただ朝廷の間のみにてこれ無く、父子兄弟夫婦の間互いに善を勧《すす》め過《か》を救ひ、天下政事の得失にも及び候は、ここまた講学の道一家閨門の内に行れ候。

上かくのごとく講学行れ、その勢い下に移り、国天下を挙《あげ》て人々家々に講学行なわれ、その至りは比屋《ひおく》封ずる可《べ》くに相成り候。

これその分を申せば君臣父子夫婦にて候へども、道の行れ候ところは朋友講学の情誼《じょうぎ》にて、いわゆる学政一致二本なきと申すはここにてこれ有り候。

後世は明君と称せられ候人も、父子兄弟夫婦の間種々彝倫《いりん》の乱を生じ候のみならず、君臣儆戒《けいかい》の学行われず、朝廷はただ政事の得失を議する所に相成り候。

これすなわちその本無くして、政事の末をもって国天下を治めんとする覇術功利の政にて候。

この心にて学校をおこし候ゆえ、前条の通りに弊害を生じ候は必然の勢にて、怪《あや》しむにたらず候。


〔新しく申す事ながら、この天地の間はただこれ一つの理でありますから、人間の有用さなど千差万変で限りなくあります。しかしその帰るところは、一つ、心の在り方なのです。したがって、この心を根本として人にも及ぼし、政治にも活用し根本と末梢、本体と働きと各々違いはありますが、二つに離れてしまっては成り立ちません。この二つに離れないのが理一分が万種にわたり、万種より一本に帰する道理（朱子学）であれば、政治の要点は己を修めるに帰し、己を修めればすなわち政治の要点となり、「修己治人《しゅうこちじん》」の一致の実施となれば、これこそ学問となります。

それ故《ゆえ》、堯舜三代の際は、道が実践されている時は、君主は臣下を戒め、臣下よりは君主を諫《いさ》め、君臣互いにその間違った心を正し、それは政治の万事にわたって行き届き、朝廷の空気は、つつしめよ、いましめよ、おもえ、つとめよ、の声のみが聞こえてくるほどでした。

これは朝廷での在り方ばかりでなく、父子、兄弟、夫婦の間で互いに善を勧め、過ちを救い、政事の得失にも及び、これこそ講学の在り方、一家親族の在り方にも行われました。社会の上位で講学がこのように行われると、その勢いは社会の全般に移り、国、社会あげて人々家々に講学が行われ、その至りは、堯舜の民は、みな聖人の徳に感化され一級の人物となったほどです。

いま例で挙げたのは、君臣父子夫婦であるけれども、道が行わるのは朋友、講学の場での交際であり、いわゆる学政一致は二本ないというのは、このことなのです。時代も現代になってくると明君といわれるような人でも、父子兄弟夫婦の間柄では人の守るべき道の乱れを生じ、君臣も互いに戒めず、朝廷はただ政治の得失を議論する所になってしまいました。

これこそが、根本が見失われて、政治も末梢ばかりになり、それをもって国を治めんとするから、仁義で治めず、武力と功利によって治める政治になってしまうのです。こうした覇術の心で学校を設立しても、弊害ばかりを生じるのは、必然のことになるのは、間違いないところなのです」

講学の場での講習や討論が正当に行われ、仁義や道が貫かれた場であり、学問の前には平等という精神が培われて、それが社会全般、一般の人々の通念となる。そうした社会に形成される政治の場も、全く同様の精神をもったものになる。

これを、「学政一致」というのだ。

これを学校学問と政治とに分離させてしまっては、健全な社会は生まれない。となればなるほど、学問の場、学校がどのような状況であるかは、社会、いや国の根本なのだと横井はいう。

そこで学校の根本、本質を説いているのである。

◉朋友の交りには規則がある

もう一度横井の「学校を巡る論議」を整理しておこう。

まず学び合う場、学校にとって欠く可からざる存在が「朋友」である。

「朋」とは、師を同じくする友人をいう。

「友」とは、志を同じくする友人をいうのである。

まずそこで、横井は「朋友の交わり」には、規則というものがあるという。

そこで、横井の門人の書を繙《ひもと》きながら、横井の「朋友論」を考えてみよう。

朋友にとって絶対的に必要なものは何だろう。

「朋友信あり」ともいうほどに、まず第一に「信」である。

信が成り立つ為には、「信をもってせざる事能《あた》はず」で、信をもって相会うことが必要だ。信を失わない為には、「偽り欺《あざむ》かず」は当たり前のこと「長を挟《はさ》まず貴を挟まず」年長者だとか、地位が上だとかの口をはさまない。

「ただその徳を友として、高貴を慕はず、権勢に屈せず」

相手の徳にだけ友とし、高貴にへつらったり、権勢に屈しない。

「常に礼譲を主として相交わり」

礼儀、謙譲を忘れないで交際する。

「学を講じて相会し」

何しろ学問を主題として会う、

「気を平らにして勝つことを求めず」

平静な心を維持して勝負を追わない、

「心を虚にして是非の実を窮め」

心を虚しゅうして人間として是か非かをもって言動し、

「吉凶患難相助け救いて共々立つことを求む」

人生の吉凶患難には助け合って、皆の人生、学問が成就することを求む、というのだ。

横井が最も影響を受けた郷土の碩学、大塚退野の言葉にも、友との交際について次のようなものがある。

「まず初めに身外の栄衰休戚毀挙得喪の一切を度外に置け。そして自己自身に何があるかを見よ。そうした「為己」の立志が確立してこそ、初めて共に道を学びうるのだ」

◉学校は講習・討論の場

朋友との関係が確立したら次は、学ぶ場が問題となる。

横井が「学政一致」といっている基本には、朋友どうしの「講習や討論」を通して、初めて道が明らかになるという考えがある。

それは、真理は、自分を絶えず相対化し、他者と共働して、発見していくものとの思いが強くあったからだろう。

学問の場で「講習や討論」を徹底させ、慣れ親しんだ人間が、政治の世界へと入っていく。

政治こそが「講習や討論」の場なのだと横井は主張するのである。

だから横井は、学校こそが「講習や討論」の場でなくてはならない。そうした面からも「学政一致」といっているのだろう。

③ 学校の基本

◉貴賤老少を区分せず学を講じる場所

そして「学校問答書」には、学校の学校たらしめる基本が記されている。

問い　しからば学校はおこさざれども宜しき事に候や。

答

〔では学校は、設立されなくてもよいということか〕

学校は政事の根本にて候へば、もとよりおこさざればかなわざる事に候。国天下に学校これ無きとき、彝倫《いりん》綱常つねに何をもって立て申すべきや、人才志気何をもって養ひ申すべきや、風教治化何を以て行れ申すべきや。人々おのおの見る所を是とし候へば、君子小人の争《あらそ》いのみならず、君子の人にして互に相容れず、朋党を立て、流派を分《わか》ち、ついには国天下の大患と相成り候ためし、和漢古今歴々として少なからず候。いわんや後世は種々のこれ異端邪説これ有り。天資の高き人といへども、その教習にまどわされ身心をあやまり人道をそこなひ候もの少なからず。

是みな天理自然、学術一定の学校これ無き故に候。

しからば道を知りたまふ明君出でたまひては、必先一家閨門の内より講学行われ、朝廷の間君臣儆戒《けいかい》の道相い立ち、政事これより出でて、いわゆる学政一致の根本すでに相い立ち候うえは、必ず学校をおこし、君臣これにて講学致すべき事に候。そもそもこの学校と申すは、彝倫綱常を明にし、脩レ己治レ人、天理自然、学術一定の学校にて候へば、ここに出でて学ぶものは重き大夫の身をつたふべからず、年老ひ身の衰えたるをつたうべからず、有司職務の繁多をいうべからず、武人不文の暗をいうべからず。

上は君公をはじめとして大夫・士の子弟に至るまで、暇《いと》まあれば打ちまじわりて学を講じ、あるいは人々身心の病痛を儆戒し、あるいは当時の人情、政事の得失を討論し、あるいは異端邪説詞章《ししょう》記誦《きしょう》の非を弁明し、あるいは読書会業経史の義を講習し、徳義を養ひ知識を明にするを本意といたし、朝廷の講学ともとより二途にてこれ無き候。

ただ朝廷は職掌ある人に限り、学校は貴賤老少を分かたず学を講ずる所にて候へば、学校は朝廷の出会い所と申す心にて、これ則ち学政一致なるゆえんにてこれ有り候。

〔学校は政治の根本ですから、何といっても設立しなければなりません。国に学校がなかったら、人間として常に守り行うべき道（彝倫）と、綱常（社会の根本である「三綱」、君臣義あり・父子親あり・夫婦別あり、と「五常」、仁・義・礼・智・信であり、父は義、母は慈、兄は友、弟は恭、子は孝）をどこで身に付けるのか、人才志気をどこで養えばよいのか、民を教え導いて善と化すようなことは、どこで習得するのか。

人々が各々の自分勝手な判断を正しいとしたら、君子と小人の争いだけでなく、君子どうしも互いに相容れず、別個に各々が党をつくり対立し、ついには国の大きな問題となってしまうことは、日本や中国の昔から今にいたるまでを見るに、はっきりしていて少ないとはいえません。いわんや時代が下って各種の変わった説、よこしまな説が出て来ます。生まれついて素質が高い人でも、その教習にまどわされて心をあやまり、人のあるべき道をそこなうことも少なくありません。これみんな天理自然、学術一定の学校がないことが原因なのです。

道を体得している明君が出てくれれば、まず必ず一家親族一門に講学が行われて、朝廷においては君主と臣下の間に「君臣儆戒」相互に忠告をし合うことが、ごく普通のことになりますから、政治もそのように行われ、学政一致の根本がもう既にしっかり確立している状況になっていますから、必ず学校が設立され、君も臣も講学や講習や討論をすべき事になります。

そもそもこの学校というところは、「彝倫綱常」を身に付け、修己治人、天理自然、学術一定の学校でありますから、ここに入って学ぶものは、重い役職などというべきでなく、年老いて衰えたなどというべきでなく、仕事が忙しいなどというべきでなく、武士が学問や文章に暗いなどというべきではないのです。

上は君公をはじめとして大夫や士の子弟に至るまで、時間があれば集まって学を講じ、あるいは、身心の病痛を戒め合って、あるいは当時の人情や政治の得失を討論し合って、あるいは異端邪説、変わった説、よこしまな説、暗記こそ学問とする過ちを正し、集まって読書会を開き、五経や歴史書の本義を講習し、徳の本筋を養い知識を明らかにするを本意として、朝廷の講学と分離しないところです。

ただ朝廷は職種に適した人がおりますが、学校は貴賤老少を区分せず学を講じるところですから、いってみれば学校は朝廷の出先機関、訓練場といったところで、これがすなわち学政一致ということの理由なのです」

◉学校で人間としての原点を身に付ける

学校こそが政治の根本だというのだ。

断るべくもないことだが、政治が教育に介入するなどという方向とは全く違う。

政治とは「講学であり、講習であり、より良い討論の場」なのだ。その精神と、その実際をしっかり身に付ける場こそが「学校の役割」なのだというのだ。

したがって、地位や年齢に関係なく、政治の場でのこの「講学と講習と討論」の精神と実際を忘れたならば、すぐに学校に戻れば、またその精神と実際が取り戻せる、そうした関係が「学政一致」というところなのだ。

考えてみればこれはひどく重大なことかもしれない。

何事も、その職業の「原点」ともいうべきものが重要なのだ。

それを修得する場が「学校」である。

しかし学校の役割はそこばかりではない。

その職業の人々に絶えずその「原点」を忘れぬように、その精神とその実際を送り続けること。時折戻って「原点」に触れられる場所としての役割もある。

さらにいえば、学校は、「彝倫綱常」人間であれば恒常的に持っているべき倫理と三綱五常の綱常を身に付ける場なのである。

つまり「人間としての原点」を身に付けるべきところなのだ。

社会に出て異端邪説に迷わされることは多いわけで、そうした時に、また「人間の原点」に戻る場こそが「学校」なのだと横井はいっているのだ。

したがって学校は、「社会の原点」の場でなくてはならないということだ。

◉学問の前に全員が平等である

その為にも開明なリーダーが何といっても必要なのだ。

そして、そうしたリーダーは、まず必ず自分の一家一門に対して講学を実施することから始めているという。

そうした時に、章句や文字の解説ばかりを指導するだろうか。何しろ自分の行う政治をより良くしたい一心の人間が行うのであるから、どうしてもその内容は、道を説き、人間としての在るべき様を説くことになる。これが教育なのだ。

そして「朝廷の間君臣儆戒の道相立ち」とある。

この「君臣儆戒」については、先にもあったように横井は次のように言っている。

「三代の際、道おこなわれ候時は君よりは臣を戒め、臣よりは君を儆め、君臣互いに其の非心を正し、夫より万事の政に押し及ぼし」

堯舜三代の政治の在り方は、道が何しろ一貫していたから、君主は臣下を戒め、臣下は君主に諫言し、互いに間違いを正していた。この精神は政治すべてに及んでいたというのである。

そもそも政治がこのような「学問（人としての在り方を問い学ぶことをいう）の前には全員公平である」という前提に立って行われていて、初めて学校も、その真の存在意義を全うできるのであると横井はいう。

そうした意味では、教官も同じで、「学校の風習、善となるも悪しくなるも教官の身にこれあり候へば、その人の撰もっとも以て大切に候」といっている。

◉学校が機能するかどうかは指導者次第

そしてこの「学校問答書」のまとめとして最後に次のことを記している。

「右問答の本意帰宿は、人君の一心に関係いたし、君となり師となりたまふの御身にてこれなく候ては、いかに制度のよろしきを得候とも、たちまち後世の学校に相成り、その益御座なく候。しかれば学校の盛衰は君上の一心これあり、その他は論に及ばず候」

と言い、何しろ「人君」組織のトップの人物によるのだ。君主として、また国民の手本、指導者でもあるから、師としての自覚をしっかり保持したリーダーでなければ、制度がいかに良くとも、当たり前のその辺りにいくらでもある平凡な学校になってしまう。

したがって学校が、その本義本意を守り、続々と人材を輩出する成果を上げ、発展するのも、国のトップ、組織のトップ次第なのであるという。

このトップ・リーダーに対する厳しさは、期待の裏返しで、儒家思想が説く、「修身・斉家・治国・平天下」、つまりいきなり「平天下」、天下太平はなく、その為には「治国」、国が治まっていなくてはいけない。その為には「斉家」で、国は家庭の集合体だから家庭が斉《ととの》っていなければならない。しかしその為には「修身」、家庭を構成する一人ひとりの家族の身が修まっていなくてはならない。

つまり「平穏無事」な社会も行き着くところは、一人ひとりの国民の心が修まっているのかに帰するのである。

この考えをもって国を見れば、国民の心が修まるかどうかこそが、今度はトップ・リーダーの身が修まっているか、君として師としての自覚があるかにかかっているのである。

◉トップ・リーダーはいかにあるべきか

トップ・リーダーの在り方を端的に表した文章がある。

横井が一八五二（嘉永五）年に、越前藩の岡田準介に宛てた書簡である。

「凡《およそ》学者、不足なき故《ゆえ》、進歩《しんぽ》之《の》道《みち》無之《これなきなり》。
是《これ》至善之目当《めあて》無き故《ゆえ》なり。
至善之目当あれば、一歩進めば、又一歩、又一歩。
此一歩の進みは限り無き御座候。
去れば進むに随《したがひ》て不足之心弥益盛《いやましさかん》に相成《あいなり》申候。

終《つい》に聖人になり候ても、不相替《あいかわらず》、不足之心にて御座候。是至善を極と見ては不相成《あいならず》、限り無きが至善と申《もうす》は、此事に御座候」

【訳】

「自己向上の為の学びを志す者が、進歩向上の道筋が見えてこないのは、自己に対する「不足」を見出さないからです。

それは「至善」という「目当て」（目指すもの）がないからです。

至善という目当てがあれば、一歩至善に向かって進み、また一歩また一歩と向上する。

この一歩の向上には限りというものがありません。

一歩進めば、そのレベルで己を見るから、また自己の不足が見えてくる。

至善に到達したかに見える聖人になっても、まだ不足が見えてくるものです。

このように至善を極致と見てはなりません。

限りなくどこまでも上を目指すもの、それを至善というのです」

リーダーたるもの、常に自己の人格の向上を目指して学び続けるというその姿勢がなければならず、それが多くのメンバーに善い影響を与えるのだといっているのだ。

◉自らの人間性に触れて天の存在を知る

そこでまず儒家思想では、「善悪」をどのように扱っているのか。

人間は善をもって生まれてくる。しかしこの世の道理に「陰陽」がある。反対のものを伴って初めて物事は成り立つとされる。ということは、善があれば悪があるのだ。

したがって人間は、善もあるが悪もある。

まだ心が練れていないうちは、善も出れば悪も出る。悪が出れば、人間関係にことごとく問題が生じて物事が円滑に進まないばかりか、困窮し難渋することになる。

そこでつくづく身に染みるのだ。悪の部分をなるべく出さないようにしよう。いってみれば悪の分量を少なくし、善の分量を多くしていこうとする。

善とは何か。

善は、人間の特性の中でも最も道義に適っているものである。だから、善はすべてのものの世の中の通りを良くする。だから、何事も円滑に進められるのだ。

したがって、自分が自分に求めるべき人間としての最良のものをいう。善を求め続けていることこそ、トップ・リーダーの条件といえる。

もう一つある。

『孟子』「盡心章句上《じんしんしょうく》」の冒頭の文章に次のものがある。

「孟子曰く、其の心を盡す者は、其の性を知るなり」

孟子は、こういった。

其の心を尽くすとは、自分の心の奥底までを嫌になるほど見詰め尽くすことをいう。

最初は誰でも自己に幻滅することになる。

汚濁に満ちた欲の数々、物質欲、金銭欲、色欲などがリアルな映像となって押し寄せてくる。

それを見詰め尽くすのだ。

自分の心の汚《きたな》さにつくづく嫌気がさしてきた頃、ふと気付くと、自分の汚れきった心の中に一点、清く青く美しい空が現れる。それもまた見詰め尽くす。

すると清く青く美しい空が、やがて広がっていることに気付く。

何ということだ。

つくづく嫌気がさしたほどの自分の下劣極まりない心に、清く青く美しい崇高な空があるではないか。

まさに地獄に仏とはこのことか。

自分にも清く美しい心があったのだ。

感動して更に感じるのが、「人間」というものは、そもそも清く美しいものなのだ、ということである。これが「其の性を知るなり」である。

「其の性を知れば、則ち天を知る」と続く。

自分の中の、今日の言い方を用いれば「人間性」、人間ならではの、人間であることの証明であろう。これに気付く。これを「善」といってもよい。

その途端に、その人間にとって最も大切にすべきものを与えてくれた「天」のほんとうの姿、そして天と自分のほんとうの関係を知るのだと、孟子はいっている。

以上は私の瞑想における体験に基づいて、孟子の名文を解説したのであるが、人間は自分の人間性に触れて、初めて天の存在を身近に知ることになる。

横井が示すトップ・リーダー、明君、明君の在り方には、こうした儒家伝統のリーダーシップ論が明確に存在していることを、痛感するのである。

第五章

時代と横井小楠

① 時代の要請に応える

◉歴史と人物の相関関係

今回は先に述べたように、横井小楠の国家構想とその成立の為の課題と条件のみに絞って書きたいと思った。

なぜなら、ここにこそ横井小楠という人物の真骨頂が発揮されているからだ。

したがって、伝記的な側面については、極力触れないことにしたいと述べたのであるが、一点だけ触れておきたいことがある。

それは横井と時代の関係についてである。

私は歴史と人物の関係については、次のように思っている。

「時代が人物を要請し、人物が時代に応える」

その時その時の時代の流れというものがある。

大きな区分でいえば、「成長期⇓安定期⇓転換期」というサイクルが回っているように思える。それぞれの期間が持っている特長に合致したリーダーが現れないと、最高度に特長が活かされない。

ということは、成長期に成長しないし、転換期に転換しないということになる。

一も二もなくそれは、時代の要請に応えて打って付けの人物が登場するかどうかだ。

国にとっては、そこに国の命運がかかっている。

企業もそのとおりで、その期におあつらえむきの社長に恵まれるかどうかで、その成長度は全く違ったものになってしまう。

◉大塩平八郎の乱から始まった維新

そうした観点から横井を見ると、どういうことが言えるのだろうか。

次頁に掲載した図2をよく見てほしい。

幕末の転換、維新はいつから始まったのかといえば、これは大方の歴史家の指摘する「大塩平八郎の乱」であろう。

大塩とはどのな人物かと言えば、大坂町奉行所の与力であった。いまで言えば、警察官僚の長である。まさに国家権力の象徴といえる人間なのだ。

その人間が、自分の所属する権力機構である幕府に対し、大砲を放ったのである。

〈図2〉

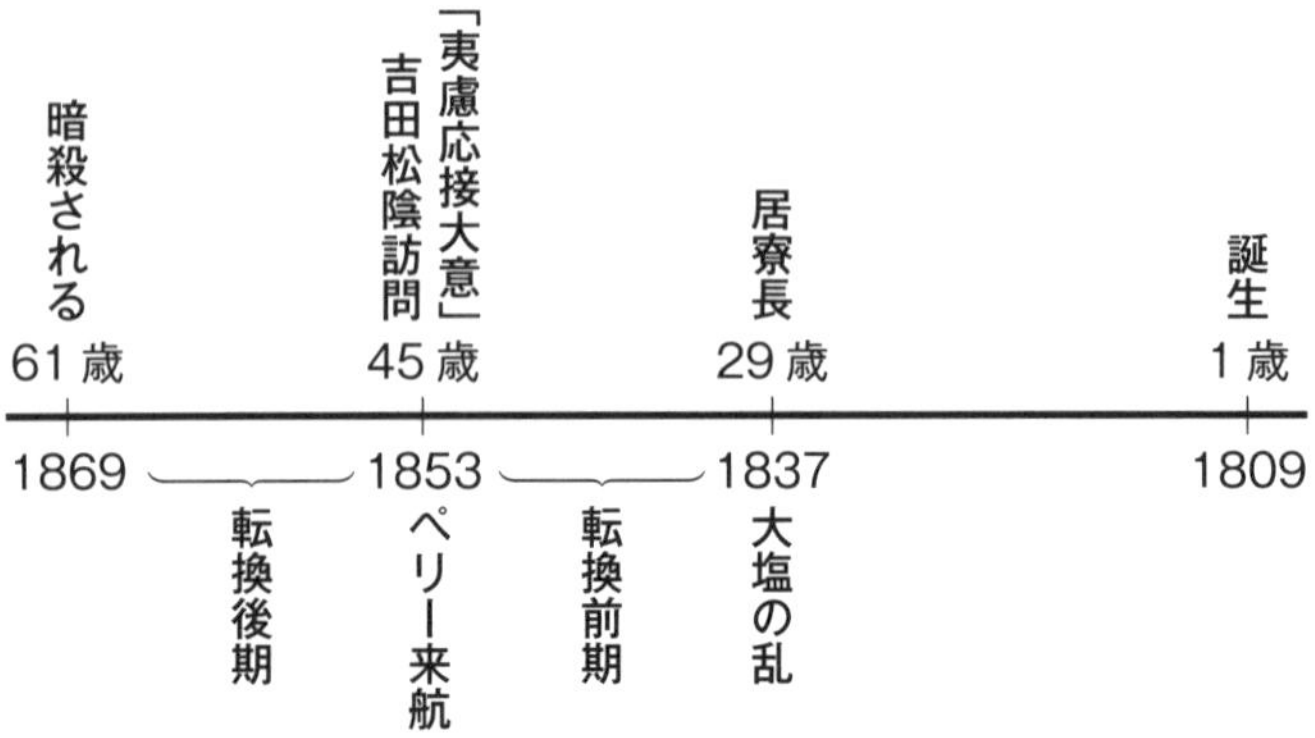

幕府からすれば、身内から反乱者を出したことになる。

言い換えれば、いかに幕府が統治能力を失ってしまったかという象徴的事件なのだ。

ここから、ずるずると幕府の崩壊が始まるのである。

これが一八三七年のこと。

横井は二九歳である。

維新となる明治元年は一八六八年であるから、その三一年前ということになる。

国家体制級の転換には、三〇年は必要だということだ。私はこの三〇年間を、「ペリー来航」の一八五三年を真中にして、一五年と一五年の二つに区分し、前の一五年、一八三七年から一八五三年の一五年を「転換前期」

〈図3〉

後の一五年を「転換後期」と呼んでいる。

「前期」は、社会的風潮が「改革を要求していく」期間であり、「後期」は「改革が目に見えて進行する」期間である。

◉満を持して歴史に登場した横井小楠

図3を見てよく分かるように、大塩が改革の火の手を上げたその年、横井は二九歳で、熊本藩の藩校「時習館」の成績優秀者が選ばれて入る寄宿舎「菁《せい》莪《が》斎《さい》」の、その中でも最も優秀な者が就任する「居寮長」に抜擢された年である。

つまり、いままで田の中に埋もれていた龍が、いよいよ地上に姿を現したといった年なのだ。

言ってみれば、三〇年間の改革活動のスタートの時期に、その存在を地域に知らしめたといえる。

もっと穿《うが》った見方をすれば、いよいよ改革の始まるその年に、時代の要請に応えて、横井が運命的な浮上を果したともいえるだろう。

二九歳といえば、一五、六歳で元服、つまり成人になる当時とすれば、既に立派な大人である。とすれば、むしろ「満を持しての登場」ともいえなくもない。

別の維新の偉人たちと比べてみると、歴然たる相違がある。

西郷南洲は、一八二七年の生まれでこの時一〇歳、（明治元年は四一歳）

大久保利通は、一八三〇年の生まれで、この時七歳、（明治元年は三八歳）

伊藤博文にいたっては、一八四一年の生まれで、この時四歳、（明治元年は一七歳）。

これは何を意味するのか。社会の転換のスタートの年に二九歳。転換が終えた明治元年には六〇歳である。遅いのではないか。年齢が高すぎるのではないかといわれれば、そうとも思える。しかしよくよく考えてみれば、これだけの大きな転換に登場し、為すべきを為す人物ともなれば何が要求されるのか。余人をもって代え難い完成された思想と、いかなる人物も説得される卓越した論理、高く質朴な人格であろう。そう

〈図4〉

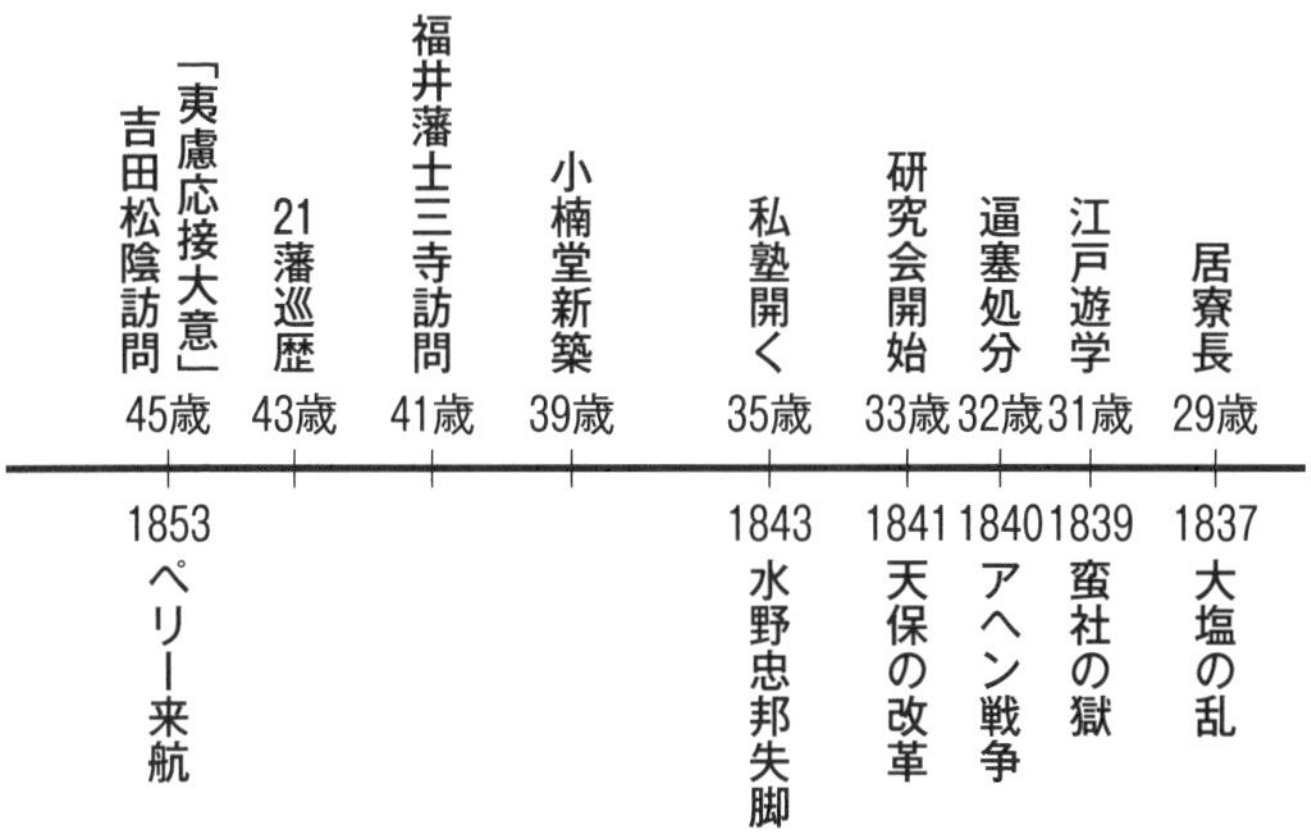

考えれば、人間としてかなり完成した人物ということになれば、どうしても、こうした年齢になってしまうであろう。むしろ横井は必須の年輪を経た人物といえるのである。

◎吉田松陰との必然的な出会い

この大塩の乱（一八三七年）から始まる、一八六八年明治元年に向かっての「転換前期」の一五年間、横井はどのように過ごしたのだろう。

一八三九（天保一〇）年　江戸遊学。時に当時江戸きっての学者といわれた同じ肥後熊本出身の松崎慊堂《こうどう》や水戸藩の藤田東湖に影響を受けた。しかし翌年酒による過失で帰国命令が出て志半ばで江戸を去る。帰国後、七〇日間の逼塞《ひっそく》を受け、貧困の中で、これまでの学問の再整理をし、朱子学研究に没頭する。

一八四一（天保一二）年　家老長岡監物《ながおかけんもつ》、下津休也《しもつきゅうや》、元田永孚《もとだながざね》、荻昌国《おぎまさくに》と五名で儒学研究を始める（実学党の起こり）。

一八四三（天保一四）年　「時務策」を書き、肥後藩政を批判。

一八四五（弘化二）年　この頃私塾を開く。

一八四七（弘化四）年　塾を新築し、「小楠堂」と名付ける。

一八五一（嘉永四）年　二月から八月にわたって二四藩を遊歴し、各藩の一流人物と議論を戦わした。他流試合といってもよい。学者、思想家、いや、人物としての全国レベルを計ること。自論がどれほど通じるものか。他藩の〝出来物〟との懇親などに益があったと思われる。

一八五三（嘉永六）年　ペリー来航の年、吉田松陰が小楠堂を訪れる。

この「転換前期」の一五年の横井を見ると、自藩の中での俊英一位の地位である「時習館居寮長」を得たところで、地域の逸材であることを証明したようなものだ。しかしまだ自藩の範囲での逸材である。

そこからこの一五年は始まったが、一言でいえばいよいよ「全国区の人物」日本全国で名の知れた学者、思想家として名実ともに認められていく期間であった。

そして「転換後期」へと入って行く。そのスタートの年が一八五三年である。

その年に何があったかといえば、吉田松陰が訪れた年という。

維新の英傑を多数輩出し、その思想的バックボーンでもあり、この人なくして維新なしといわれた吉田松陰が訪れたというのも、象徴的なことだと思うのだ。歴史を背負った人物どうしが共にその念《おも》いを語り合う。後年だからいえることで、当人はそんなことを思ってもみなかったと思うが、ペリー来航の年、つまり「転換後期」の始まる年にそうした二人が語り合うとは、偶然とも思えぬものがあるのだ。このこと自体が、時代と人物の深い関係を物語っているともいえ、歴史の奥深さを感じさせるのである。

〈図5〉

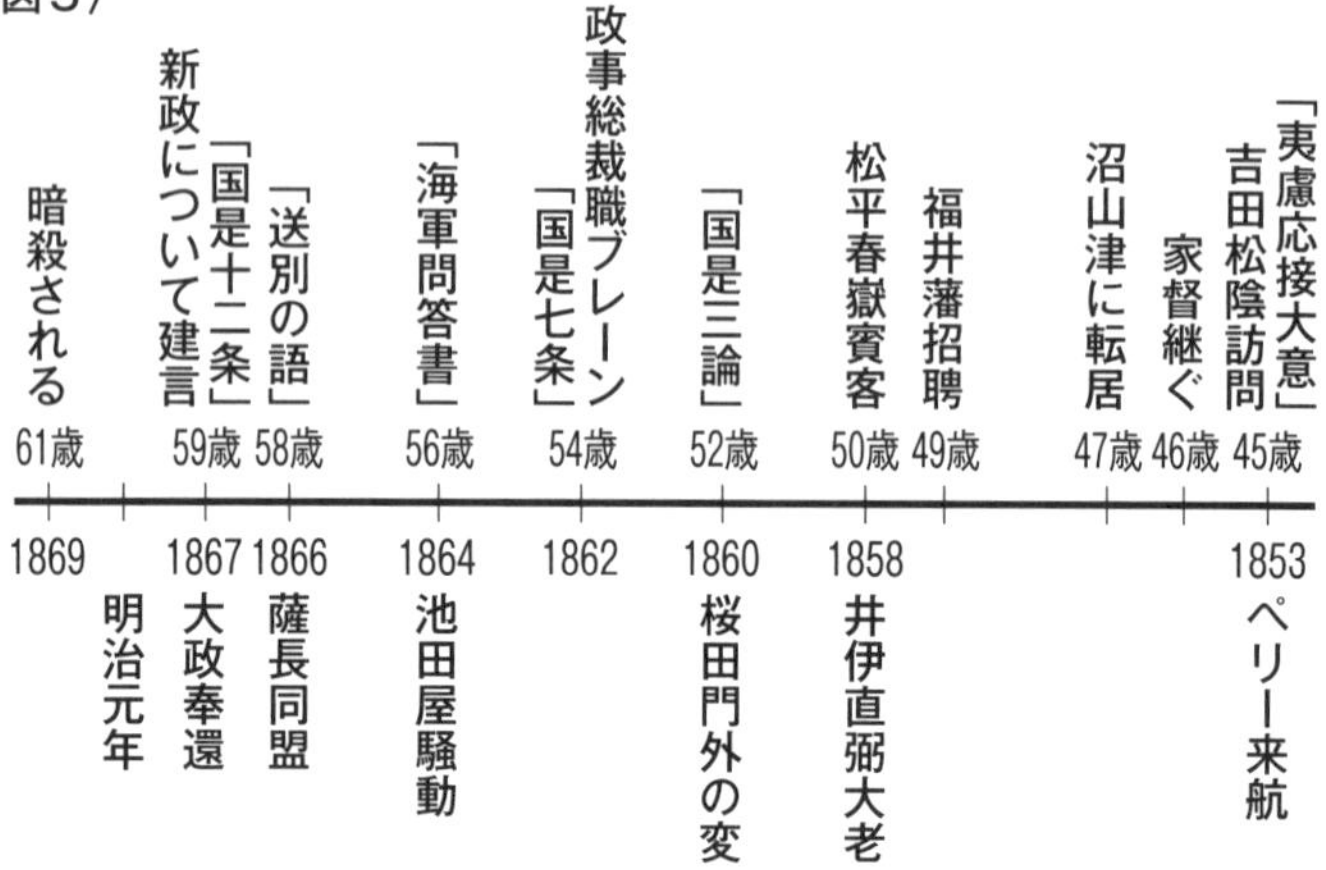

② 本舞台が巡ってくる

◉一生の集大成となった十五年間

「転換前期」で、全国区の学者、思想家となった横井が、いよいよその〝本舞台〟として挑んだのが、「転換後期」一八五三年年ペリー来航（横井四五歳）から、一八六八年明治元年（横井六〇歳）までの、一五年間である。

言ってみれば、横井の一生は、この一五年の為のものであったとも言えよう。

いや、私としては、明治元年からの少なくとも一〇年こそが横井の本番の期間といいたい、という強い念《おも》いがある。このことは、是非忘れないでほしい。少なくとも明治になっての一〇年で、国家の中枢で、今回この本で明示した「国家構想」を、陣頭指揮で現実のものにしてほしかった。

しかし、無念極まりないことに、明治二年一月五日にこの世を去ってしまったのだ。この現実を考えれば、一八五三年からの一五年、私流にいう「転換後期」こそ、横井の一生の集大成の期であるというしかない。

この期間こそ横井の主戦場で獅子奮迅の活躍の期間であるから、その行った成果を列挙しようにも、まさに〝枚挙に遑《いとま》なし〟なのである。

しかし挙げなければ説明不足になる。

そこで、私がこれこそが横井小楠と思っている仕事と出来事を挙げておくことにする。

一八五四（安政元）年　兄が死去し、家督を相続し、肥後藩士となる。

一八五五（安政二）年　沼山津に転居し、「四時軒《しじけん》」と名付ける。

一八五八（安政五）年　越前藩主松平慶永（春嶽）に賓師として招かれる。

一八六〇（万延元）年　「国是三論」を書く。

一八六二（文久二）年　「国是七条」を幕府に建言する。士道忘却事件を起こす。

一八六四（元治元）年　勝海舟の命で坂本龍馬が訪れる。

一八六七（慶応三）年　「国是十二条」を越前藩に贈る。
「新政について」を春嶽に建言する。

そして一八六八（明治元）年に新政府の参与を拝命する。四月に上京するが五月下旬から病気となり、七月には重態となってしまう。

しかし、九月に入ると回復して、さあこれから一働きと、本人も意欲的になり、家族も呼び寄せる為に、広い屋敷に移って迎えた正月の五日、惜しくも刺客の凶刃《きょうじん》に斃《たお》れたのである。

③　横井小楠の真の役割

◉幕府の政策を変えた「国是七条」

明治元年といっても、慶応四年の九月八日からであるから、四ヶ月しかない。しかも明治二年の一月五日に横井は亡くなるのであるから、明治を生きたとは言い難い。となれば、明治の近代化を成し遂げて、あたかも役割を果たしたので、といわんばかりに亡くなったことを考えれば、横井の時代的役割は先に述べたように、「転換後期」の一五年間にあると言える。

この一五年間で特に明治の近代化の促進に力のあった仕事といえば何だろうか。実証的貢献からいえば、「国是三論」という改革シナリオを明らかにし、更にそれに基づいて福井藩で実際に行い、成功したことだろうと思う。

しかし、社会の変革という貢献からすれば、これは幕府の政策を変えてしまった「国是七条」に尽きるといえよう。

幕府の方針というものこそが、徳川三〇〇年を支えた「幕藩体制」という政治体制にあるわけで、この根幹を為すいくつかを変えてしまったところは、まさに時代の歯車をぐいと一回り進めたことになる。

「国是七条」とは次のようなものだ。

一、大将軍上落し、列世の無礼を謝す
一、諸侯の参勤を止め、述職《じゅっしょく》を為《な》す
一、諸侯の室家《しっか》を帰す
一、外藩・譜代に限らず賢を撰し、政官と為す
一、大いに言路《げんろ》を開き、天下とともに公共の政を為す
一、海軍を興し兵威を強くす
一、相対貿易を廃し、官交易を為す

横井の指導のもと、藩の政治を行ってきた藩主の松平春獄は、幕府から政務に参加するように命じられる。

それは、朝廷からの勅使が次の三点を幕府に命令したことにもよる。

第一、将軍は大小名を率いて上洛し、国家を治め夷戎《いじゅう》をはらうことを議すべし。

第二、沿海の大藩五国の藩主すなわち伊達・島津・山内・前田・毛利を五大老として国政を諮決《しけつ》し、夷戎防禦の処置を講ぜしめること。

第三、一橋慶喜は将軍をたすけ、松平春獄を大老職に任ずること。

朝廷の要求というが、公卿、長州藩、薩摩藩の主張であることはいうまでもない。

将軍家茂《いえもち》は、一橋慶喜と松平春獄を登庸することを承諾した。

しかし、松平春獄はこのところ因循姑息な幕閣に嫌気がさし登城もせず、辞任も申し出ていたが、横井が江戸へ来て急遽補佐してからは、積極的になり、政治総裁職就任を決意する。

その春獄が幕府政治の最高責任者として腕を振るう改革構想が「国是七条」である。七条どれもが、これまでの幕政の伝統を根本から転換する画期的提案であったから、なかなか幕府中枢は了承しない。

したがって、発案者の横井自身が、幕府大目付の岡部長常や大久保一翁と面会し、その背景の国内外の情勢の解説から、七条の本義などについて、懇切に独特の論法をもって説いていったのである。

◉民の幸せを実現するための「世直し」

やがて幕府中枢で、七条の重要性がよく理解され、推進されることとなった。

これこそ「世直し」である。

何故なら、例えば「参勤交代の廃止」である。「述職に代《か》える」という述職とは、自藩の状況を藩主が将軍に述べて報告することである。

そもそも参勤交代とは何か。

各藩が幕府にとって脅威的存在にならない為に、藩の財力を常に手薄にしておくことが肝要とばかりに、一時に巨額な大金を費やすことになる義務を課した。そのことの一つなのだ。

藩が貧しくなるということは、まさに民が困窮の極みになることを表している。横井は常々次のような考えを主張している。

「そもそも幕府の制度は、諸侯の兵力を殺《そ》ぐ事を目的としており、参勤交代をはじめ、藩の大小によって城等の造営の助功、日光山《にっこうさん》と久能山《くのうざん》その他の火防、関所の守衛、近年になってからは海辺の防守など、労力は藩を通り越して民が疲弊に耐えていることをかえりみず、金銀貨幣制度から諸制度を全国に布告することは、徳川御一家の便利私営の為のみで、国家を平安にし、民の幸せを親身に考えるような政教など全くない」（富国論）

現行の政治の短所を挙げ、それが大きければ大きいほど、大きな改革が必要となる。したがって、「民の幸せこそが政治の果たす目的」と主張する横井からすれば、幕府の根本が、ある一家の為となって、その他多くの国民が苦しんでいるような現状は全く許せない。したがって、その象徴である参勤交代や藩主の家族を人質に取るようなことは直《ただ》ちに止めさせなければならない。「諸侯の室家を帰せ」という改革項目は当然の要求となる。

しかし、これを幕府側から見るとどうだろう。

どれもが幕府権威の象徴なのである。

幕閣の人間といえば、多くは徳川に代々仕えた武士であるから、こんなことを許してはご先祖様に申し訳ないとばかり断固反対する人は多かった。

◉日本の賓師になるチャンスを固辞する

しかし、横井のまさに「至誠惻怛」の姿勢と熱意ある説得で、驚異的なことであるが七条の実施が決定されたのである。

このような難問も、横井は江戸到着後わずかに三、四日で決着させてしまった。

先述したように横井は次のような精神をいつも保持していた。

「自分は誠意をつくし、道理を明らかにして言うだけである。それを聞く聞かんは相手にあることだ。相手が自分の言うことを聞かないだろうということが、どうしてわかるであろう。相手が聞かないだろうと、こちらが勝手に思いこんで言わなかったら、聞くはずであった人を失ってしまうではないか」（沼山閑話）

七条が幕府の中枢に理解されたばかりか、横井自身に対する彼らの評価が驚くほど上がり、幕府の奥詰に登庸しようということになっていった。

大久保一翁をはじめ、閣老の板倉勝静《かつきよ》、一橋慶喜までが感服絶賛して、何としても横井を幕府に招きたいというようになる。

福井藩の賓師から日本の賓師になる。

まさに横井の永年の念願も成就するかに見えた。

ところが結論からいえば、横井自身が固辞し続けたのである。

何故だろうか。

横井の心の中には何があったのだろうか。

④　横井小楠の真の目的とは何か

◉横井小楠の思想を受け継ぐとはどういうことか

私は次のように思うのだ。

いま幕府の最高位のアドバイザーに座り、長年にわたって準備した自分の「国家構想」を実現させることができるか、といえば、それはどう考えてもノーだろう。あまりにも現在居並ぶ幕閣の人々と「構想」には、大きな思想的ギャップがある。これでは、「構想」を出したところで、そこに貫かれる横井の思想「民富論」と「平和主義」を基盤にした「国家論」、並びにその背景を為す思想を理解させるだけで終わってしまうのではないか。入り口を入ったところで悪戦苦闘、とても「構想」までは行き着かないだろう。

一回出した「構想」が頓挫してしまったら、もう二度と出すことができない。いまはその時ではない。もっと日本の政治が一荒れ二荒れし、究極のところまで行って、政治家の顔触れがガラリと変わりでもしなければ、とても理解はされないだろう。

だからといって、現状のレベルに合わせてお茶を濁しているというのは、自分の信条からいってできない。

となれば、「断る」しかないのである。

私は、横井はやがて誕生する新政府まで待とうと考えたのではないかと思う。

いきなり時代を先に飛ぶようだが、一八六七（慶応三）年一二月九日の王政復古以来新政府は主要閣僚の人選を急いで、その顔触れを一応決定する。

しかし、諸藩を代表する賢人が揃ったことにはなったが、その中に新しい日本の「国家構想」を持って政権をリードできる人物など一人もいないことがかえって明確になった。

岩倉具視が統括役であったが、これにはほとほと困り果て、閣僚の一人である由利公正と計って、横井の参加を熱望したのである。

この政府からの要請に肥後藩は相変わらず反対で、何回か断りの返答を出す。

それでもという岩倉の強い要望により、四月二二日付で徴士参与を命ぜられ、横井は着任する。

そして、さあいまから、という時に暗殺されてしまうのである。

どれほど無念であったかは、察するに余りある。

私は先に横井の役割は明治維新までの一五年間「転換後期」にあったといったが、それは間違いだと訂正したい。こうして考えてくると、やはり横井の本舞台は、明治新政府誕生以降にあったと思わざるを得ない。

横井は〝志半ばでこの世を去った〟のである。

ではこの横井の意志をわれわれは、どのように受け継ぐべきなのか。

ここそ横井流で考えたいのである。横井の自由闊達の精神で考えれば、「各人の領域で各人各様に」行うべきではなかろうか、と思うのだ。

多くの人々が、明治維新からちょうど百五〇年経った今日、世界的文明の大転換期の今日、「市民国家（ネーション・ステーツ）」の真の意義が問われている今日、世界中で自国主義にとらわれている今日、戦争の危険が迫る今日、いまこの時に、横井の描いた「国家構想」の意義をもう一度噛み締めて、自分に何ができるのかをしっかり考え、その実践躬行《じっせんきゅうこう》の一歩を踏み出すことができれば、それこそが横井の思想を受け継ぐことになると、私は強く思うのである。

あとがき

私の畏友《いゆう》に木村昌平さんがいる。

木村さんは自説を曲げない良識の人物であって、私の考えについても、是非を明確にいってくれる、私にとっては基準ともいうべき人である。

その木村さんが突然亡くなられたのである。

その最後の討論こそが、この横井小楠論であった。

その点からもこの本が、私にとって忘れられないものとなった。

ここ十年、私の頭の中は「横井小楠」に占められていた。五年前、この横井の「国家構想」こそ一冊の書籍にまとめるべきではないかと思い、書き始めたが、なかなか進まず、とうとう五年間待って戴《いただ》くことになってしまった。この間、待ち続けて下さった致知出版社の藤尾秀昭社長、柳澤まり子副社長には、何よりも心から感謝申し上げたい。また、編集作業を担当してくださった小森俊司氏にもお礼を申し上げたい。

日本が本道を全うして、世界から尊敬される国になるよう切に祈るばかりである。

平成三〇年一〇月吉日

田口佳史

●参考文献

『横井小楠』　松浦玲　ちくま学術文庫
『横井小楠』　松浦玲　朝日選書
『横井小楠研究』　源了圓　藤原書店
『横井小楠』（別冊環）　源了圓編　藤原書店
『国是三論』　立花三郎訳注　講談社学術文庫
『横井小楠』　三上一夫　吉川弘文館
『横井小楠』　圭室諦成　吉川弘文館
『横井小楠』　徳永洋　新潮新書
『横井小楠』　熊本市広報課
『横井小楠』　出口宗之校注　岩波書店

本書中には、今日の観点から見ると不適切と思われる語句や表現がありますが、
作品の元となる資料発表時の時代的背景を踏まえ、そのままとしました。

〈著者紹介〉

田口佳史（たぐち・よしふみ）

昭和17年東京生まれ。東洋思想研究者。日本大学芸術学部卒業。新進の記録映画監督として活躍中、25歳の時、タイ国で重傷を負い、生死の境で『老子』と出合う。以後、中国古典思想研究に従事。東洋倫理学、東洋リーダーシップ論の第一人者として活躍。大企業の経営者や経営幹部などからも厚い支持を得る。52年イメージプラン設立、代表取締役社長。著書に『ビジネスリーダーのための老子「道徳経」講義』『人生に迷ったら「老子」』（ともに致知出版社）『なぜ今、世界のビジネスリーダーは東洋思想を学ぶのか』（文響社）『超訳 論語』『超訳 孫子の兵法』（ともに三笠書房）『ビジネスリーダーのための「貞観政要」講義』（光文社）『上に立つ者の度量』（PHP研究所）など多数。

横《よこ》井《い》 小《しょう》楠《なん》の人と思想

平成三十年十一月二十五日第一刷発行

著者 田口 佳史

発行者 藤尾 秀昭

発行所 致知出版社

〒150-0001 東京都渋谷区神宮前四の二十四の九

TEL（〇三）三七九六―二一一一

印刷・製本 中央精版印刷

落丁・乱丁はお取替え致します。（検印廃止）

ISBN978-4-8009-1193-3 C0095

ホームページ https://www.chichi.co.jp

Eメール books@chichi.co.jp